MARITIME VISIONEN

25 Jahre
Seepassage Komitee Deutschland

Christians & Reim Verlag
Hamburg 1985

IMPRESSUM

Das Seepassage Komitee Deutschland dankt
allen Sponsoren für ihre hilfreiche Unterstützung.

Maritime Visionen

Herausgeber: Seepassage-Komitee Deutschland
Esplanade 6
2000 Hamburg 36

Redaktion: Dagmar Segner
Stefan Lipsky
Manfred Reckelkamm

Verlag: Christians & Reim Verlag
Dammtorstraße 30
2000 Hamburg 36
Telefon: 040 / 34 26 41

Herstellung: struve-druck, Eutin

ISBN: 3-87950-090-8
(Auslieferung: Verlag Knut Reim)

Hamburg 1985

Cunard/NAC, Hamburg	95
Peter Deilmann, Neustadt/H.,	41
Deutsches Reisebüro/Jadrolinija	69
Deutsche Schiffahrtsbank AG, Bremen	100
DFDS Deutschland, Hamburg	50
DIE WELT, Hamburg	91
ELVIA Versicherungs-Ges. AG, München	80
Europäische Reiseversicheruungs-AG, München	40
Finnjet-Line, Lübeck	35
Karl Geuther & Co., Frankfurt/M.	56
Globus-Reederei/Safmarine, Hamburg	78/79
Hanseatic Tours, Hamburg	29
Hapag-Lloyd AG, Hamburg/Bremen	36
Hellas-Orient-Reisen, Frankfurt/M.	57
Howaldtswerke-Deutsche Werft AG., Hamburg/Kiel	75
Jahre-Line, Kiel	52
Melia-Reisebüro, Frankfurt/M.	103
MTA-Mittelmeer-Touristik-Agentur, München	70
Olau-Line, Hamburg	76
J. A. Reinecke, Hamburg	68
Seetours International, Frankfurt/M.	42
Siemens AG, Hamburg/Bremen	25
Silja-Line, Hamburg	30
Stena-Line, Kiel	51
Transocean Tours, Bremen	58
TT-Saga-Line, Hamburg	26
TUI Touristik Union International, Hannover	33

AUTORENVERZEICHNIS

Dr. Werner Dollinger	Bundesminister für Verkehr, Bonn
Dr. John Henry de La Trobe	Vorsitzender Verband Deutscher Reeder, Hamburg
Dr. Spyro Malamos	Vorsitzender Seepassage Komitee Deutschland, Hamburg
Dr. Norbert Henke	Vorstandsvorsitzender Bremer Vulkan AG, Bremen
Kai Levander, Pirjo Harsia, Hannu Wainola	Wärtsilä, Helsinki Shipyard, Helsinki
Dirk Penner	Vorstand Seepassage Komitee Deutschland, Hamburg
Armin Ganser	Fachjournalist
Dr. Ralf Schneider	Verband Deutscher Reeder, Hamburg
Arnold Kludas	Deutsches Schiffahrts-Museum, Bremerhaven
Paul Lepach	Sprecher des Vorstandes Touristik Union International, Hannover
Arnulf Hader	Institut für Seeverkehrswirtschaft und Logistik, Bremen
Alf Pollack	Geschäftsführender Gesellschafter Seetours International, Frankfurt/Main
Dr. Rüdiger von Torklus	Deutsches Institut für Wirschaftsforschung (DIW), Berlin
Dr. Heinz Klatt	Hauptgeschäftsführer Deutscher Reisebüro-Verband, Frankfurt
Joachim Dietz	Sprecher der Kreuzfahrtsektion im Seepassage Komitee Deutschland, Hamburg

INHALTSVERZEICHNIS

Dr. Werner Dollinger	Grußwort	5
Dr. John Henry de La Trobe	Grußwort	7
Dr. Spyro Malamos	Grußwort	9
Dr. Norbert Henke	Kreuzfahrtschiffe maßgebaut – mit neuen Konzeptionen an den Markt	11
Kai Levander, Pirjo Harsia, Hannu Wainola	Passagierschiffe für die nächsten zwanzig Jahre	17
Dirk Penner	Maritime Perspektiven	27
Armin Ganser	Visionen der Fährschiffahrt	31
Dr. Ralf Schneider	Phönix aus der Asche – vom Kasten zum Turm	37
Arnold Kludas	Kreuzfahrtschiffe unter deutscher Flagge – Gestern, heute, morgen?	43
Paul Lepach	Vom Liner zum Kreuzfahrtschiff	53
Arnulf Hader	Die Kreuzfahrtflotte in den achtziger Jahren	59
Alf Pollack	Visionen zur Seetouristik im Jahr 2000	71
Joachim Dietz	Visionen	77
Dr. Rüdiger von Torklus	Seereisen – mit Vollkomfort in die Freizeitgesellschaft des 21. Jahrhunderts	81
Dr. Heinz Klatt	Die Zusammenarbeit des DRV und der Willi-Scharnow-Stiftung mit dem Seepassage Komitee Deutschland	101

Dr. Werner Dollinger

Grußwort

Dem Seepassage Komitee Deutschland übermittle ich zu seinem 25jährigen Bestehen die herzlichsten Glückwünsche! Es ist sicher nicht bloße Nostalgie, sondern auch ein wenig Romantik, sich der vergangenen großen Zeiten internationaler Passagierschiffahrt zu erinnern, an der die deutsche Handelsmarine mit berühmten Fahrgastschiffen, den Zeugen deutscher Schiffbaukunst, mit wohlklingenden Namen in der Welt beteiligt war. Tempi passati. Die völkerverbindenden Funktionen der Passagierschiffslinien wurden inzwischen in erster Linie vom Luftverkehr übernommen. Die Bemühungen deutscher Reedereien im Kreuzfahrtgeschäft waren leider wenig vom Glück begünstigt. Demgegenüber haben auf kurzen Seestrecken zahlreiche internationale Fährschiffslinien ein dichtes Verkehrsnetz in den europäischen Gewässern gebildet, das Länder und Völker einander näherrückt und dem gewachsenen individuellen Mobilitätsbedürfnis der Bürger in idealer Weise Rechnung trägt.

Dabei ist die Bundesrepublik Deutschland einer der bedeutendsten Märkte für den Verkauf von Seereisen. Das Seepassage Komitee Deutschland mit Sitz in Hamburg hat es als kompetenter Mittler zwischen Anbietern und Nachfragern von Seereisen verstanden, die Kreuzfahrtreise neuen Interessenten zu erschließen, das Fährschiff als schnelle, sichere und servicefreundliche Verkehrsverbindung in das Interesse zu rücken und damit den zahlreichen Seepassage-Diensten zu Erfolg und Ansehen zu verhelfen. Vor diesem Hintergrund wünsche ich den Seepassage-Diensten weiterhin Erfolg und allen Reisenden viel Freude.

Dr. John Henry de La Trobe

Grußwort

Visionen — Prognosen — Realitäten

Zwei Eigentümlichkeiten sind es vor allem, die Seeschiffahrt gegenüber anderen Wirtschaftsbereichen und Tätigkeitsfeldern auszeichnen; in ihnen liegen Vorzüge und Reize, in ihnen haben aber auch viele ihrer Schwierigkeiten ihre Ursachen: Ihre Internationalität, ihr weltumspannendes Wirken und — daraus folgend — die vielen Verbindungen zwischen Menschen aller Völker und Stände, die die Seeschiffahrt schafft. Was so schon an Besonderheiten für die Handelsschiffahrt ganz allgemein gilt — in der Passagierschiffahrt finden wir es wie in einer Nußschale — natürlich nur im übertragenen Sinne und ohne jeden Vergleich mit fahrenden Einheiten.

Kreuzschiffahrt und Fährschiffahrt, die heute fast gänzlich die Linienpassagierschiffahrt alten Stils abgelöst haben, in ihnen verdichten sich Internationalität und Intensität menschlicher Begegnungen.

Schiffe vieler Flaggen aus Ost und West, Nord und Süd bilden die Flotte der Kreuzfahrt- und Fährschiffe, kaum ein Hafen eines Küstenstaates, der nicht von ihnen, sei es gelegentlich, sei es häufig, angelaufen wird — von Bergen bis Kapstadt, von Leningrad bis Kobe. Die Internationalität von Küche und Bar ebenso wie die der künstlerischen Darbietungen fügt sich nahtlos ein.

Die meist sehr internationale Zusammensetzung der Besatzungen und der Passagiere ist für viele Teilnehmer ein besonderer Anreiz — kein Wunder, daß dies für manche Reedereien sogar zur werblichen Aussage wurde.

Dies ist die reizvolle Wirklichkeit von Seepassagen an Bord auf „Traumschiffen" des Jahres 1985 — sei es als mehrstündige Fährfahrt, sei es als mehrtägige Kreuzfahrt oder als mehrwöchige Mitfahrt auf einem Frachter. Das SPKD — eine Institution, die ungeachtet ihres Namens durch die Vielzahl ihrer Mitglieder aus zahlreichen Ländern gleichfalls Internationalität verkörpert — hat aus Anlaß seines 25jährigen Bestehens, das zu feiern es in diesen Tagen gilt, einigen Autoren die nicht minder reizvolle Aufgabe gestellt, sich „Maritimen Visionen" hinzugeben, deren Ergebnisse sich in diesem Büchlein finden.

In die Vergangenheit der 25 Jahre seit der Gründung des SPKD fällt der große Umbruch von der Linien- zur Kreuzschiffahrt im Passagierbereich. Viele Prognosen — nicht nur im maritimen Sektor — sind eingetroffen während dieses Zeitraumes, einige sind Visionen geblieben, manche leider, manche erfreulicherweise. Die Wirklichkeit der Beziehungen zwischen Menschen unterschiedlicher Nationalität und Weltanschauung — in einer von Spannungen nicht freien Welt ist sie eine erfreuliche Realität. Die Kenntnis fremder Kulturen und Lebensweisen fördert Verstehen und Verständigung. Und die Begegnung gerade meeresferner „Kreuzfahrer" mit der See und der Schiffahrt, mit Containerschiffen und Tankern kann auch dazu beitragen, die Bedeutung des Gütertransportes über See transparenter zu machen, generell: mehr Verständnis zu schaffen für die Seeschiffahrt.

Dem Jubiläums-Schiff SPKD sei immer eine Handbreit Wasser unter dem Kiel gewünscht, viel Erfolg bei den Veranstaltungen anläßlich der Gründungswiederkehr und für die Aufnahme dieser maritim-visionären Festschrift beim Leser.

Dr. Spyro Malamos

Grußwort

Am 13. Januar 1960 sind 15 Reederei-Vertreter in Bremen zusammengekommen und haben die Gründung eines Komitees unter dem Namen „Seepassage Komitee" beschlossen. Herr H. Wöltje vom Norddeutschen Lloyd wurde zum Vorsitzenden gewählt: Somit können wir heute das 25jährige Jubiläum unseres „Seepassage Komitees" begehen!

Die Gründung des Komitees wurde in der Erkenntnis beschlossen, daß ein Zusammengehen der Reedereien erforderlich sei, um in Fragen gemeinsamen Interesses geschlossen auftreten zu können, gemeinsame Anstrengungen zur Förderung des Geschäfts notwendig seien, die jedem Mitglied des Komitees zugute kommen würden, und ein Forum wünschenswert sei, in dem auf regelmäßigen Zusammenkünften ein Meinungsaustausch über Gewerbe-Probleme stattfinden könne.

Als eine der ersten Aufgaben stellte sich die Bildung eines ständigen gemischten Ausschusses aus Beauftragten der Reedereien einerseits und der Reisebüros andererseits, der als Kontaktkreis Schiffahrt/DRV die Zusammenarbeit beider Seiten fördern sollte. So tagte dieser erste Ausschuß bereits am 2. März 1960 in Hamburg. Der Kontaktkreis Schiffahrt/DRV kann demnach auch auf sein 25jähriges Bestehen zurückblicken. Dieser Ausschuß hat seit seinem Bestehen eine ganze Reihe von Einrichtungen geschaffen, die der Erleichterung der Zusammenarbeit zwischen Reedereien, Reise-Veranstaltern und Reisebüros allgemein dienen.

Als nächste wichtige Aufgabe erschien die Schulung der Reise-Expedienten bei den Reisebüros, die Schiffsreisen verkaufen sollen. Solche Schulungen begannen dann auch in Zusammenarbeit mit der Willy-Scharnow-Stiftung in intensiven Kursen.

Im Jahre 1974 beschloß das Seepassage Komitee eigene Schulungen parallel zu veranstalten. Hierfür wurden kostenaufwendige und moderne Trainingssysteme entwickelt, aufgebaut auf Verkaufspsychologie und die Vermittlung von Basiswissen. Es wurden seitdem ca. 5 000 Reisebüro-Expedienten (teilweise auf Schiffen) geschult. Im Laufe der Jahre sind dem Seepassage Komitee immer mehr Mitglieder beigetreten – heute sind es 59 in- und ausländische Reedereien. Neben den bereits aufgeführten Aufgaben ist das Bestreben des Komitees vor allem auch darauf gerichtet, in der Öffentlichkeit das Interesse an Seereisen zu wecken und etwaige Vorurteile in bezug auf Kleidung an Bord, angeblichen Luxus, Seekrankheit und anderes abzubauen.

Ich glaube, daß alle diese Bemühungen und Bestrebungen — nicht zuletzt durch Werbung und Aufklärung in der Fachpresse und in der Öffentlichkeit — erfolgreich sind und den Mitgliedern des Komitees und einzelnen Reisebüros, die dadurch mehr Seereisen buchen können, zugute kommen.

In den 25 Jahren seines Bestehens hat das Seepassage Komitee seine Existenz voll gerechtfertigt und wird auch in Zukunft durch die rege und intensive Mitarbeit seiner Mitglieder, des DRV und den Veranstaltern von Seereisen sowie einzelnen Reisebüros den Gedanken der Seereise ausbauen und fördern.

Dr. Norbert Henke

Kreuzfahrtschiffe maßgebaut – mit neuen Konzeptionen an den Markt

Die internationale Flotte von gegenwärtig 144 weltweit eingesetzten Kreuzfahrtschiffen mit knapp 2 Mill. BRT zeigt, daß Seereisen im Touristik-Geschäft große Bedeutung haben. Der Markt stellt sich durch die letzten Jahre dabei als offensichtlich stabil dar, denn die Flottengröße pendelte seit 1979 immer um rund 140 Schiffe und gut 2 Mill. BRT.

Allerdings ist die Passagierschiffsflotte im Kreuzfahrtengeschäft noch stark von solchen Einheiten geprägt, die eigentlich nicht für die Anforderungen des heutigen Kreuzfahrtengeschäfts gebaut worden sind, sondern die in der Überquerung der Ozeane im regelmäßigen Verkehr, also in der Fahrgast-Linienschiffahrt Dienst tun sollten. Zu Sonderreisen im Sinne von Kreuzfahrten wurden sie ursprünglich lediglich außerhalb der Hochsaison in der Linienfahrt herangezogen. Für solchen Doppelzweck sind bis in die siebziger Jahre hinein rund 100 Schiffe der gegenwärtigen Cruiser-Flotte konstruiert und gebaut worden. Seither hat die Passagierschiffahrt im Linienverkehr ständig an Bedeutung verloren. Der Flugverkehr von Kontinent zu Kontinent hat das Rennen für sich entschieden. Zwar gibt es eine Reihe Passagierschiffe, die mit einigen Abfahrten auch heute noch „Linie fahren", wie beispielsweise die britische „Queen Elizabeth", aber im wesentlichen stützt sich das Passagier-Geschäft der See-Reedereien heute auf die Kreuzfahrt.

Konsequent für den derzeitigen Seetourismus konzipiert und gebaut sind gut 20 Schiffe, die ab Mitte der 70er Jahre zu Wasser gekommen sind. Sie sind den gegenwärtigen, dabei sehr unterschiedlichen Ansprüchen im Seetourismus angepaßt. Für diese Sparte gibt es nämlich mehrere stark differenzierte Segmente. Reisen mit durchaus günstigen Preis/Leistungsverhältnissen auf älteren, dabei im wesentlichen für die Linienfahrt konstruierten Schiffen stehen für höchste Ansprüche im konventionellen Kreuzfahrten-Markt die neuen „Fünf-Sterne-Kreuzfahrer" aus „Fielding's worldwide guide to cruises" gegenüber. Zu ihnen gehört auch die vom Bremer Vulkan gebaute „Europa". Ganz anderes erwartet der Seereisende auf der „Norway", die bei der Lloyd Werft in Bremerhaven von der „France" zu einem schwimmenden Super-Vergnügungsparadies umgestaltet wurde — sie ist übrigens mit gut 70 000 BRT das größte Passagierschiff der Welt. Gegensatz hierzu bilden die kleineren für „Entdecker"-Reisen gebauten mit 2 000 bis 3 500 BRT vermessenen Spezialkreuzfahrer. Die „Norway" tummelt sich im „karibischen Karussell", die Entdeckerschiffe steuern weit den Amazonas hinauf, weiter, als es den großen Kreuzfahrern möglich ist, oder setzen Kurs ab weit entfernt von den üblichen Touristenrouten, sogar in die Seegebiete ewigen Eises in der Arktis. Für alle diese Spezialitäten in der heutigen Seetouristik haben die Reeder in den Werften ihres Vertrauens einen wichtigen Partner. Denn nicht nur Reiserouten, Programme, Küche und Service tragen zum Geschäftserfolg bei, es ist auch das Schiff und damit das Know-how der Schiffbauer.

Die Aufgaben, die dem Bremer Vulkan beim Bau der „Europa" von Hapag-Lloyd gestellt wurden, lassen sich wie folgt zusammenfassen. Das Schiff sollte in der obersten Klasse angesiedelt sein, zugeschnitten auf etwa 600 Passagiere und auf Reiseprogramme rund um den Globus. Das setzte wichtige Maßstäbe für die Abmessungen, für die Ausrüstung zudem. Als Optimum für die beabsichtigten Reiseprogramme waren mit Rücksicht auf interessante Häfen 200 m Länge geboten. Die Breite sollte die Durchfahrt durch die Schleusen des Panamakanals erlauben. Die Werft baute 28,5 m breit. Scharfe Umweltbestimmungen beim Besuch US-amerikanischer Häfen waren Anlaß, für die „Europa" leistungsfähige Entsorgungssysteme wie unter anderem eine Müllverbrennungsanlage und aufnahmefähige Fäkalientanks mit Vorklärung vorzusehen. Die Signalmast-Konstruktion mußte weltweit die passierbare Kanaldurchfuhrhöhe von 40 m berücksichtigen. Entsprechend wurde das oberste Teilstück klappbar installiert. Bei der Ausrüstung mit Booten war nicht nur äußerstes

Passengers dining saloon

Passengers suite with 2 single beds

Sicherheitsstreben zu erfüllen, es kam auch darauf an, fehlende Infrastruktur mancher Reede-Häfen zu berücksichtigen. Also wurden für das Übersetzen an Land und auch für kleine Ausflugsfahrten luxuriöse gedeckte Barkassen an Bord gegeben. Im übrigen wurde die „Europa" mit Zusatzeinrichtungen wie Bugstrahlruder so ausgestattet, daß sie gegebenenfalls ohne Schlepperhilfe in die Häfen manövrieren kann.

All das, was für die Passagiere an Bord getan wurde, faßte der Werftvorstand bei der Vorstellung des neuen Konzepts in den Worten zusammen: „Wir haben optimale Räume aufgezeichnet und dann ein Schiff daraus gemacht." Entsprechend dürfte es bis jetzt auch kaum ein Kreuzfahrtenschiff mit mehr Raumangebot geben als die „Europa" (33 819 BRT) bietet. Auf jeden Fahrgast entfallen 165 m^3 vermessener Schiffsraum. Bei dem einstigen Stolz der französischen Passagierschiffsflotte, der über 79 000 BRT großen „Normandie", waren es 114 m^3, und auf der mit rund 49 700 BRT vermessenen ruhmreichen „Bremen" des Norddeutschen Lloyd vor dem letzten Kriege waren es 70 m^3. Die Kabinen auf der „Europa", von denen jede über eine großzügige Badzelle mit Dusche bzw. Wanne und Toilette verfügt, haben im Durchschnitt 21 m^2 Grundfläche, die Suiten sogar 40 m^2. Selbstverständlich sind sie mit allem ausgerüstet, was das Leben an Bord angenehm macht, also mit Telefon, Radio und Farbfernsehen zum Empfang des aufgenommenen Geschehens an Bord oder in den Häfen auch von Landprogrammen, schließlich zum Betrachten der Küstenlinien vom fahrenden Schiff aus. Eine wichtige Überlegung zeichnet die „Europa" überdies aus. Sie wurde vertikal unterteilt, und zwar in den achtern zusammengefaßten Gesellschaftstrakt, wo die Veranstaltungen stattfinden, sich also das unterhaltsame Leben konzentriert, sowie in eine Ruhezone davor mit den Kabinen. Zwei Seewasser-Schwimmbäder an Deck, ein Frischwasserbecken in der Schwimmhalle im Inneren des Schiffes, Gymnastik- und Fitnessräume, Sauna und Solarium lassen nichts an Wünschen offen. Insgesamt etwa 600 000 Konstruktionsstunden waren vom Bremer Vulkan zur Erarbeitung dieses Konzepts bis zur Baureife aufgewandt worden. Was hernach auf dem Helgen und an der Ausrüstungskaje Gestalt annahm, war der gewünschte First Class-Cruiser.

Kreuzfahrt auf einem Rahsegelschiff
Perfekt ist auch das jetzt vom Bremer Vulkan ausgearbeitete Konzept eines großen Rahseglers, für den sich im internationalen Kreuzfahrt-Geschäft Bedarf abzeichnet. Ist es rein nostalgischer Hang, oder ist es der Wunsch, die abenteuerliche Welt der Windjammer zu spüren? Fest steht, daß wachsende Nachfrage herrscht, unter Segeln ferne Inseln und Küsten anzusteuern. Auch hier ist die Werft konzeptioneller Partner der Schiffahrt.

Das, was vorerst auf den Reißbrettern in Bremen-Vegesack entstanden ist, kennzeichnet den künftigen Passagier-Großsegler als ein Schiff, das wie die „Europa" ganz oben angesiedelt ist. Es ist auf höchste Ansprüche zugeschnitten. Bei dem Projekt handelt es sich um einen Viermaster, dessen Besegelungsidee von Kapitän Hartmut B. Schwarz entwickelt wurde, der viel Erfahrung auf der für über 70 Passagiere eingerichteten größten Segelyacht der Welt, nämlich der „Sea Cloud", gesammelt hat. Er hatte mit diesem Schiff Jahre hindurch sowohl die Karibik als auch das Mittelmeer befahren.

Der Kontrakt zum Bau des neuen Schiffes wurde inzwischen von zwei traditionellen deutschen Schiffahrtsgesellschaften, nämlich der F. Laeisz Schiffahrtsgesellschaft mbH & Co., Hamburg, sowie der Sloman Neptun Schiffahrts-Aktiengesellschaft in Bremen, gemeinsam mit der Norddeutsche Vermögensanlage GmbH & Co. KG als Investor gezeichnet. Wenngleich die Realisierung des Segelschiff-Projekts noch unter den heute üblichen Vorbehalten der Finanzierung steht, so sind die Aussichten für eine Verwirklichung doch gut. Sogar der Name des Kreuzfahrten-Rahseglers ist schon gefunden. „Pinta" soll er heißen in Anlehnung an eine der beiden Karavellen, in deren Geleit Columbus an Bord der „Santa Maria" Amerika entdeckte.

Das ist ein großer Name für ein Schiff in der Hand von zwei Reedereien, zu deren Tradition die Segelschiffahrt gehört. Sowohl die 1824 gegründete Schiffahrtskompanie Laeisz als auch die 1793 ins Leben gerufene Sloman-Schiffahrtsgruppe haben Geschichte gemacht mit Windjammern. Die Großsegler von Laeisz haben ruhmreiche Kapitel in der Geschichte der Windjammer geschrieben. Sie waren als „Flying P Liner" in der Welt der Seefahrt ein Begriff. Sloman hatte mit auslaufender Segelschiffsgeschichte in der Mitte des 19. Jahrhunderts einen nordatlantischen Liniendienst mit Dampfern aufgenommen, die zusätzlich mit Segeln ausgerüstet waren. — Als Investor ist die Norddeutsche Vermögensanlage GmbH & Co. KG ein starker Partner. Seit 1975 brachte sie ein Investitionsvolumen von 2 Mrd. DM auf und ist heute Miteigner von verschiedenartigen Schiffen.

Aber was ist die „Pinta"? Nun, sie wird ein Schiff mit etwa 134 m Länge bis Bugsprit, 17 m Breite und einer Segelfläche von 3 600 m^2 an den vier Masten, die bei gutem Wind 20 Knoten Geschwindigkeit erlaubt. Bei Flaute steht ein Maschinenantrieb mit 1 400 kW für 12 Knoten zur Verfügung. Die Besatzung an Bord wird 54 Seeleute und Service-Personal umfassen, die für Sicherheit und Wohlbefinden der 80 Passagiere sorgen.

Wie auf der „Europa" wird auch auf der „Pinta" mit Platz nicht gegeizt, als wollten Reeder und Bauwerft ausdrücken, daß in der modernen Seetouristik die Weite des Meeres und Enge an Bord nicht zusammenpassen. So können sich die Fahrgäste außer an der Segelfahrt zu interessanten Zielen an Bord einer räumlichen Großzügigkeit erfreuen, die ihresgleichen sucht. Die 40 Doppelbett-Kabinen messen jeweils 20 m^2, unterteilt in Tages- und Schlafbereich mit Bad oder Dusche

und WC und ausgestattet mit Radio, Fernsehen zudem. Eine Unterwasserkamera des Großseglers erschließt den Passagieren auch den Anblick von Fischen aus der Kabine, hier und da sicher auch von farbenprächtigen Korallenbänken. Vollendet sind selbstverständlich die Gesellschaftsräume wie Lounge, Bar, Lobby, Speisesalon und eine Lido-Bar an Deck.

Nichts, aber auch gar nichts mehr erinnert an die einstigen „Windjammer", wie sie auch von der Werft Johann Lange als Vorgänger-Werft des heutigen Bremer Vulkan in der ersten Hälfte des letzten Jahrhunderts gebaut worden waren. Nehmen wir den „Packet"-Segler „Elbe" als Beispiel, der für die Hapag bestimmt war. Gut 34 m lang und etwas über 8 m breit, beförderte diese Bark auf Kurs nach Amerika 10 Passagiere der 1. Klasse und 200 im Zwischendeck, wobei letztere unter Bedingungen den Atlantik überquerten, bei deren Schilderung sich, gemessen an heutigen Ansprüchen, die Feder sträubt.

Die „Pinta"-Passagiere wird freilich nichts an solche einstigen Berichte erinnern. Sie reisen in vollklimatisierten Kabinen, sie haben an Deck ein Seewasser-Schwimmbecken zur Verfügung. Und ausklappbare Plattformen machen es möglich, in den vorgehaltenen Taucherausrüstungen Fauna und Flora nahe den angesteuerten Inseln zu bewundern, oder sich im Schlepp mitgeführter Motorschlauchboote sportlich beim Wasserski zu betätigen. Auf eines werden die Fahrgäste freilich verzichten müssen: auf das Bild, wie zu Segelmanövern die Seeleute in die Masten entern, um auf den Rahen stehend Segel zu setzen oder zu bergen. Die Segelmanöver werden auf der „Pinta" mit moderner Technik bedient. Dennoch, ein großes Erlebnis ist bei äußerstem Komfort dem Reisenden sicher.

So wird der deutsche Schiffbau auch mit der neuen „Pinta" dazu beitragen, Reedern im Kreuzfahrtengeschäft das optimale Schiff für ein relativ neues und zugleich chancenreiches Segment in der Seetouristik bereitzustellen.

Kreuzfahrt-Auto/Passagierfähre

Kai Leander
Pirjo Harsia
Hannu Wainola

Passagierschiffe für die nächsten 20 Jahre

Ein 20-Jahres-Ausblick
Hoffnungsvolle Aussichten für die Passagierschiffahrt
Die Prognosen für die nächsten 20 Jahre des Passagierschiffgeschäfts mögen sehr kühn und spekulativ erscheinen. Viele von uns sehen die Zukunft als unberechenbar und unmöglich zu beeinflussen an. Wie dem auch sei, nach einiger Überlegung erkennen wir, daß viele Schiffe der heutigen Passagierschiffsflotte auch nach dem Jahr 2000 noch in Fahrt sein werden. Die neuen Schiffe, die wir heute planen und bauen, werden sich alle wenigstens während der nächsten 20 Jahre auf den Märkten der Passagierschiffahrt behaupten.
Es hat sich in der Praxis erwiesen, daß die Zeit zwischen wirklich neuen und fundamentalen technologischen Erfindungen und deren kommerzieller Nutzung in größerem Maßstab lang ist. Die meisten Passagierschiffe der näheren Zukunft sind Produkte, denen die Technologie von heute zugrunde liegt.

Antriebskräfte der Veränderung
Aufgrund des Wissens, das uns heute verfügbar ist, läßt sich voraussagen, welche neuen Technologien in den kommenden Jahren dominieren werden. Gerard O'Neil weist in seinem Buch „2081, A hopefull View of the Human Future" auf fünf wichtige „Antriebskräfte der Veränderung" hin: Computer, Automation, Energie, Kommunikation und Weltraum. Sollte es in der Passagierschiffahrt eine „spezielle" Antriebskraft geben, dann ist diese eher von menschlicher als von technischer Art. Die wachsende Zahl der Menschen mit gutem Einkommen und viel Freizeit läßt den Tourismus zum größten Geschäft dieser Welt werden. Es liegt an uns, die Passagierschiffahrt zur attraktiven Alternative zu machen, die es wert ist, daß diese Menschen ihre Zeit und ihr Geld dafür aufwenden.

Schlüsselgebiete der Zukunft
Der Erfolg im Geschäft mit der Passagierschiffahrt gründet sich auf drei Schlüsselgebiete: Kenntnis der Märkte, operative Wirtschaftlichkeit und technisches Know-how. Um das Ertragspotential steigern zu können, müssen die Schiffe der Zukunft sorgfältig auf Maß geschnitten werden, damit sie den spezifischen Marktanforderungen genügen können. Die neuesten Techniken sind einzusetzen sowohl zum Gefallen des

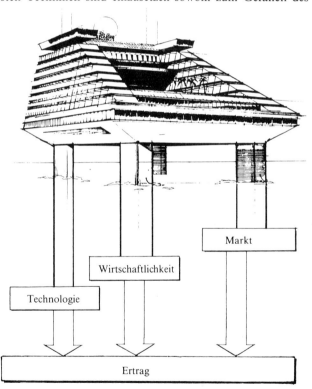

Passagiers als auch zum Halten der operativen Kosten auf einem konkurrenzfähigen Niveau. Als Schiffsbetreiber müssen wir nicht nur verstehen, den Passagier zu fesseln, sondern die Fahrt auch zu einem Schiffserlebnis machen, das ihn immer und immer wiederkommen läßt.

Wirtschaftlichkeit nach Maß

Die heute gelieferten oder georderten Kreuzfahrtenschiffe und Passagier/Autofähren zeichnen sich durch ein gemeinsames Merkmal aus: Kostengünstiger Betrieb bei erhöhtem Ertrag, erreicht nach dem Grundsatz der Wirtschaftlichkeit nach Maß. Die neuen Schiffe sind länger, breiter und höher als ihre Vorgänger und fassen mehr Passagiere, Autos oder LKW's.

Wo ist die Grenze?

Die „Wirtschaftlichkeit nach Maß" hilft dem Schiffsbetreiber dabei, die Kosten je Passagier oder Fahrzeug niedrig zu halten.

In den 70er Jahren lag die normale Kapazität eines Kreuzfahrtenschiffes bei 600-800 Passagieren. Heute beherbergen die Neubauten 1 200-1 500 Passagiere und Schiffe für 3 000-4 000 Passagiere sind bereits auf dem Reißbrett. Der Grundsatz des richtigen Maßes an Wirtschaftlichkeit setzt keine obere Grenze, aber der Gewinn wächst mit der Größe. Praktische Grenzen wie Tiefganglimit und vorgegebene Attraktivitäten für eine ausreichende Passagierzahl können das Bild verzerren.

Vorteile für den Passagier oder den Betreiber

Den kritischen Faktor bilden die Urlauber selbst. Die einen lieben es aufwendig, andere denken „Small is beautiful".
Auf einem großen Schiff läßt sich eine weitgesteckte Auswahl an Service und Attraktivitäten leichter anbieten. Ein kleiner Yachtkreuzer ist persönlicher und seine Reiseziele liegen weiter ab vom üblichen Fahrwasser. Ein anderer wichtiger Gesichtspunkt ist der, daß ein großes Schiff von Schlechtwetterbedingungen weniger beeinflußt wird als ein kleines.
Von beiden Passagiertypen gibt es für den Veranstalter zweifellos genug zur Auswahl.

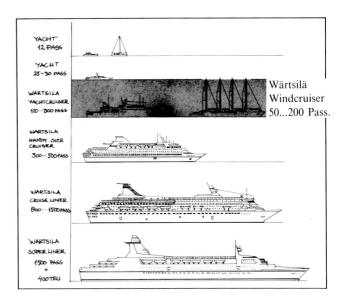

Wärtsilä Windcruiser 50...200 Pass.

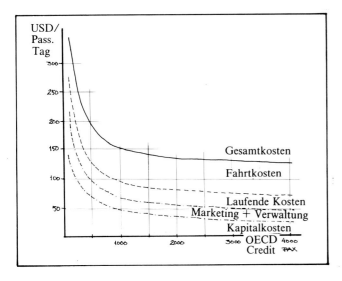

Marktlücken-Strategie

Eine Alternative zur „Wirtschaftlichkeit nach Maß" ist die Spezialisierung. Das Schiff ist dann auf einen begrenzten Marktsektor zugeschnitten, wenn es dem Gast etwas bietet, was dieser auf anderen Schiffen nicht findet. Die Spezialisierung kann auch strikt technischer Art sein, die für den Betreiber Kosten reduziert und ihm damit eine stärkere Konkurrenzfähigkeit am speziellen Markt gibt.

Kleines Schiff — Große Yacht

Mit den besonderen Anforderungen, die an Kreuzfahrtschiffe der Spitzenklasse für 100-300 Passagiere gestellt werden, entblößt sich eine sehr beachtenswerte Lücke am Passagierschiffmarkt. Gewissen Leuten sind die existierenden größeren Kreuzfahrtenschiffe zu überfüllt, die angelaufenen Häfen zu uninteressant und vom Tourismus zu sehr strapaziert. Andererseits bieten die kleinen Schiffe und Yachten, die zu chartern sind und unberührtere Inseln anlaufen können, kein vergleichbares Niveau an Komfort, Service und Sicherheit. Wärtsiläs Yachtkreuzer und Windcruiser wurden mit größter Sorgfalt für diesen speziellen Marktsektor konstruiert und haben damit weltweites Interesse geweckt.

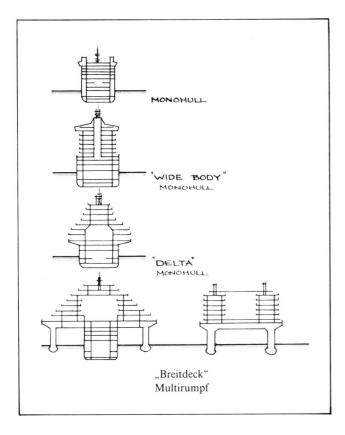

Technische Evolution
Mehr Decksfläche für Nutzlast
Expansion in Breite und Höhe

Ein Passagierschiff setzt einen hohen Anteil an Decksfläche für Kabinen und Aufenthaltsräume voraus, wobei das Gewicht der Passagiere in der Planung vernachlässigt werden kann. Selbst bei Fähren mit großen Autodecks ist das Gewicht der Nutzlast viel kleiner als auf Frachtschiffen von gleicher Größe.

Das einfachste Verfahren zur Vergrößerung der Decksfläche besteht in der Anordnung von zusätzlichen Decks in der Höhe. Zur Erfüllung der Stabilitätsbedingungen müssen die Schiffe aber verbreitert und als „Breitrumpf"-Schiffe ausgeführt werden. Der nächste Schritt verbreitert die Decks bei noch mehr Decksfläche und größerer Deckshöhe in „Delta"-Form über die Rumpfseiten hinaus.

Multirümpfe sind im Kommen
Dem Trend folgend werden die Decks so breit, daß ein Abstützen der äußeren Deckskanten mit Pontons erforderlich wird. Dieses Konzept führt zum Multirumpf, einer neuen Dimension in der Großschiffarchitektur.

Hochaktuelle Produkte
Dieselben Passagierschiffstypen, die heute den Markt bestimmen, werden auch für die nächsten 20 Jahre das Bild beherrschen. Sie setzen die Entwicklung der beiden Leitfäden „Wirtschaftlichkeit nach Maß" und „Spezialisierung auf Marktlücken" fort. Aber es wird auch Platz da sein für neue radikalere Konstruktionen, die den Bedarf des Kunden erfüllen. Es macht den Eindruck, daß diese neuen Produkte von Unternehmern eingeführt werden, die in der Schiffahrt keinen Hintergrund, dafür aber Erfahrung im Tourismus und in der Reiseindustrie haben.

Comeback für Ozeanriesen
Eine realisierbare Geschäftsidee ist der Transatlantik-Passagierverkehr. Sein Ziel liegt in der Rückgewinnung von Passagieren aus dem Luftverkehr für zwei große Passagierliner der Route Europa — New York.

Weltklassen-Service
Als Schiff käme ein Kreuzfahrtliner der „Weltklasse" mit einem reichhaltigen Dienstleistungsangebot in Frage. Heute ist das Atlantikfliegen eine Alltäglichkeit, aber selbst nach Einführung der „Business Class" ist die Reise immer noch nicht sehr komfortabel. Mit dem Schiff kann eine Kreuzfahrt mit Stil und Komfort angeboten werden, auf der diejenigen, die Geld und Zeit dafür haben angenehmer zu ihrem Recht kommen.

Regelmäßiger wöchentlicher Service das ganze Jahr hindurch, Luxuskabinen für alle Passagiere und erstklassige Küche werden die wichtigsten Verkaufsargumente sein. An Bord muß für erstklassige Unterhaltung mit reichlicher Auswahl an Aktivitäten für die Dauer der $5\frac{1}{2}$tägigen Überfahrt gesorgt sein.

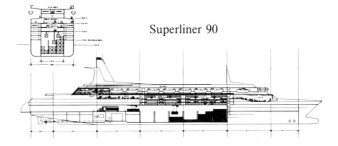

Superliner 90

Frachterträge
Um das Schiff auch für die Winterzeit komfortabel und sicher machen zu können, muß es groß sein. Das dabei zusätzlich entstehende Volumen im Schiffsinneren wird für Lastcontainer genutzt. Containerfracht steigert das Ertragspotential des Schiffes erheblich, ohne dabei die Kosten zu erhöhen. Der „Superliner" wird das erfolgreiche Baltic-Kreuzfahrtfähren-Konzept für den Transatlantik-Verkehr erweitern.

Kreuzfahrten ins Blaue

Das Kreuzfahrtenprogramm wird für die Passagiere auch vom Typ her neue Attraktionen aufweisen wie z. B. kurze Eintages- und Nachtfahrten und Nonstop-Kreuzfahrten mit der Möglichkeit für die Passagiere, zu jeder Zeit in jedem Hafen an und von Bord zu gehen.

Eine-Nacht-Kreuzfahrten

Diese Alternative ist eine Weiterentwicklung des Silja-Konzepts der Route Helsinki-Stockholm, bei der aber anstelle des Passagiertransports von einem Hafen zum anderen die Kreuzfahrt z. B. gegen 18 Uhr abends mit Auslaufen aus dem Hafen von New York beginnt und am nächsten Morgen rechtzeitig vor Arbeitsbeginn endet. An Bord sind Konferenzräume, eine Reihe guter Restaurants, Tanzbars, Theater, Nachtclubs, Kasinos und Kabinen zum Ausruhen oder für ein paar Stunden Schlaf vor Anbruch des Morgens.

Freiheit für den maritimen Architekten
Der Monorumpf ist die Standardkonstruktion für alle Schiffstypen. Bei dieser Konstruktion sind aber Verdrängung, Stabilität, Decksfläche und verfügbares Volumen durch die anfangs getroffene Entscheidung bezüglich Hauptabmessungen und Rumpfform begrenzt. Unser neuester Schritt zur Freimachung von der Einschränkung durch unumgängliche Konstruktionsparameter ist der Doppelrumpf-Halbtaucher SWATH. Bei dieser Konstruktion hängt die Verdrängung nur vom Volumen der eintauchenden Pontons ab, die Stabilität ist bedingt durch die Größe der an der Wasserlinie durch die Stützen gelegten Schnittfläche und das Volumen resultiert aus den Dimensionen der weit über den Wellen am oberen Ende der Pontons angeordneten Plattform.

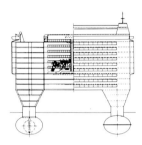

Das Potential der SWATH
Alle Passagiere sind in Außenkabinen untergebracht, deren Kabinendecks zwei Flügel bilden, die einen in der Mitte liegenden großen Außenhof flankieren und diesem gleichzeitig Windschutz bieten. Diese Kabinenflügel sind durch eine Aufenthaltssektion miteinander verbunden, in der die Haupttreppenhäuser und Aufzüge untergebracht sind.
Die Aufenthaltsräume befinden sich auf der Plattform unterhalb der Kabinen. Ein Raumkomplex für vielseitige Betätigung konzentriert sich um den Amphitheater-Speisesaal, der Platz für den gleichzeitigen Aufenthalt aller Passagiere bietet. Sämtliche Service-Funktionen sind auf dem untersten Deck der Plattform untergebracht. Die Maschinenräume und Propeller werden weit weg von Kabinen und Aufenthaltsräumen von den beiden Unterwasserpontons aufgenommen. Lärm- und Vibrationsbelastungen sind damit praktisch eliminiert.

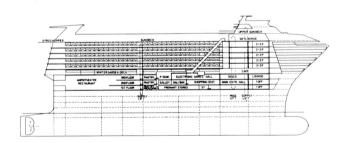

Reiseziel Schiff
Das schwimmende Ferienparadies
Das Reiseziel ist ein wichtiges Verkaufsargument für den Kreuzfahrtveranstalter. In Zukunft aber wird das Schiff selbst zum Zielobjekt, als schwimmendes Ferienparadies, in dem die Passagiere denselben Freizeitbeschäftigungen und Vergnügungen nachgehen können wie sie es von den Feriencentern auf dem Festland her gewohnt sind. Im Gegensatz zur Praxis auf heutigen Kreuzfahrtenschiffen zahlt der Passagier getrennt für seine Verpflegung, Vergnügung und Freizeitbeschäftigung an Bord, genauso wie an Land.

SIEMENS

Safety first für Passagier-schiffe

DONAUPRINZESSIN

EUROPA

RAILSHIP II

SPIRIT OF FREE ENTERPRISE

NORWAY

Wenn Sie mehr Informationen möchten, schreiben Sie uns oder rufen Sie uns einfach an:

Siemens AG
Bereich Schiffbau

Hanseatische Zweigniederlassung
2800 Bremen 1, Postfach 10 78 27
Telefon (0421) 364-24 60
Telex 2 45 451

Hanseatische Zweigniederlassung
2000 Hamburg 1, Postfach 10 56 09
Telefon (040) 282-31 86
Telex 2 155 840

Technisches Büro Kiel
2300 Kiel, Postfach 40 49
Telefon (04 31) 58 60-303
Telex 2 92 814

8520 Erlangen, Postfach 32 40
Telefon (0 91 31) 7-54 48
Telex 6 29 21-450

mit zuverlässiger Kommunikations- und Elektrotechnik von Siemens

Travemünde ⟷ Trelleborg

WENN SCHWEDEN, DANN TT-SAGA-LINE

14/85

Dirk Penner # Maritime Perspektiven

Wasser ist nicht nur ein lebenswichtiges und lebensspendendes Element, es ist ein Element, das aus vielleicht schon angedeuteten Gründen von jeher eine ungeheure Faszination auf den Menschen ausübt. Selbst der noch so schön angelegte Campingplatz hätte keine Chance, wenn er nicht unmittelbar an oder zumindest nahe eines — wenn auch noch so kleinen und manchmal sogar arg verdreckten — Gewässers läge.
Ihre Krönung erfährt diese „Wassersucht" aber offensichtlich durch die (trockene) Reise auf diesem Element, wobei der Ausgleich dafür, daß man nicht direkt mit ihm in Berührung kommt, auch eine Erklärung für die seit Urzeiten bekannte Trinkfreudigkeit von Seefahrenden jedweder Art sein mag ...
Der Wunsch mindestens einmal im Leben eine Schiffsreise zu machen ist wohl bei fast jedem Menschen latent vorhanden. Dabei ist es kaum verwunderlich, daß dieser Gedanke um so intensiver festzustellen ist, je weiter man sich von der See wegbegibt! Vor einigen Jahrzehnten war da auch noch die Notwendigkeit eine Seereise zu machen, wenn man in ein wirklich fernes Land reisen wollte oder vielleicht mußte. Letzterer Punkt kann heute als nicht mehr bestehend erkannt werden, so daß die eingangs genannte Feststellung um so reiner dasteht.

Entwicklungen historisch
Aus verschiedenen Gründen haben Menschen seit Jahrhunderten das Bedürfnis gehabt in fremde und ferne Länder zu reisen, wobei ihnen als Vehikel dazu lange Zeit nur das Schiff dienen konnte. Schiffseigner und ganz früher in Personalunion auch Kapitäne — später dann die Reeder — haben sich schnell darauf eingestellt. Sie zweigten zunächst einen Teil ihres Schiffsraumes für die Passagiere ab und ließen dann sogar Schiffe bauen, die ausschließlich auf den Transport von Passagieren ausgerichtet waren. Da derzeit jedoch das Phänomen des mit ihnen reisen müssens noch in Kraft war, ließ man es die „Reisewilligen" auch kräftig spüren. Reisebedingungen aus damaligen Zeiten, sei es die Unterbringung an Bord betreffend oder die Anordnungen der Schiffsleitung, denen man sich zu unterwerfen hatte, würden heute den noch so Seereisefreudigen schaudernd von seiner Idee Abstand nehmen lassen! Dennoch sei festgehalten, daß es mit zunehmender Konkurrenz in den Zeiten des Liniendienstes höchst angenehm sein konnte, mit einem der großen Liner über die Ozeane zu reisen. Voraussetzung war allerdings, man war nicht in der bedauerlichen Lage gerade eben den Mindestpreis für eine Seereise aufbringen zu können.
Als es dann dem Flugzeug gelang, Ozeane in einer Zahl von Stunden zu überbrücken, für die Schiffe die gleiche Zahl von Tagen brauchten, schien für die Reise auf See das letzte Stündlein gekommen.
Weit gefehlt! Man ließ bei den Reedereien von der auf Dauer tödlichen Idee der Konkurrenz gegen die Fliegerei ab und besann sich stattdessen auf den Urtrieb des Menschen mit einem Schiff die See befahren zu wollen, auch wenn die Zielsetzung ferne Länder oder Städte zu erreichen nicht mehr die Priorität hatte. Der Transport bekam eine untergeordnete Rolle zugewiesen. Die Kreuzfahrt, d.h. das nicht direkte und immer wieder unterbrochene Ansteuern irgendeines Zieles — für den Segler ist das Kreuzen ein bekannter Begriff — wurde die Sache der Zukunft.
Vielleicht liegt es ein wenig in der Vergangenheit und der damit verbundenen Haftung in der Tradition begründet, daß sich Reeder mit strategischen Konzepten manchmal etwas schwer getan haben. Im Moment kann man jedoch echte Perspektiven erkennen, die sich auf der einen Seite auf die Sehnsucht nach dem Meer stützen, sich zum anderen aber den Erkenntnissen des modernen Tourismus sehr wohl anpassen.

Entwicklung aktuell

Da ist der Urlauber, der sich für diese Zeit des Jahres eine völlig fremde neuartige Umgebung wünscht, eine Umgebung mit viel Raum und der möglichst geringen Notwendigkeit viele Menschen um sich zu haben oder gar kennenlernen zu müssen.

Da ist auf der anderen Seite der Urlauber, dem viel Raum, wenige Menschen und eine seiner Heimatstadt wenig ähnliche Umgebung fast unheimlich ist. Er möchte auch in seinen Ferien das gewohnte Umfeld nicht missen — würde sich andernfalls sogar unwohl fühlen. Nur daraus oder gerade deswegen sind Erfolge der bekannten „Bettenburgen" z. B. im Süden Europas zu erklären.

Diesen Erkenntnissen trägt man nun im Tourismus zur See Rechnung und beschreibt damit wohl auch den richtigen Weg.

Vor ca. fünf Jahren hat der Reeder Knut U. Klosters den 70 000 BRT großen Luxusliner „FRANCE" gekauft und ihn zu einer mobilen Ferieninsel namens „NORWAY" umgebaut, mit der wöchentlich fast 2000 Fahrgäste auf Kreuzfahrt von Miami aus gehen und ganz offensichtlich den erwünschten Urlaub erleben. Seinen vorläufigen Höhepunkt aber soll diese Idee in einem Superschiff finden, das mit ca. 225 000 BRT einer Länge von ca. 80 Metern alle bisher dagewesenen Dimensionen sprengt. Mehr als 5 000 Fahrgäste würden gleichzeitig auf Kreuzfahrt gehen und auf diesem Schiff alle „Annehmlichkeiten" einer großen (schwimmenden) Ferienstadt vorfinden.

Die vorher genannten unterschiedlichen Interessen und Erwartungen vieler Urlauber — und sie sind letztendlich entscheidend — werden hier im Sinne der großen landgebundenen Ferienkomplexe erfüllt. Der Vorteil besteht jedoch darin, daß man eben nicht stationär ist, sondern sich — wenn auch mit Einschränkungen aufgrund von Gegebenheiten in Häfen etc. — bewegt und seine Reise auf dem geliebten Wasser macht.

Den Kontrapunkt (kein Mengentourismus) hierzu setzen im Sinne der vorhergenannten unterschiedlichen Interessen und Erwartungen Schiffe wie MS EUROPA, die maximal 600 Fahrgäste aufnimmt und das bei einer Größe von fast 34 000 BRT. Auch das Konzept der inzwischen zwei Schiffe namens „SEA GODDESS" (ca. 4 000 BRT, 120 Fahrgäste) einer norwegischen Reederei geht in die gleiche Richtung, d.h. man wendet sich wie bei der EUROPA hier an den an Land längst bekannten „Individualtouristen" und setzt darauf, daß er auch in Zukunft nicht gern unter tausenden von Gleichgesinnten sein möchte sondern den Freiraum bevorzugt, sich nicht entscheiden zu müssen sondern dieses zu können. Daß es hier Preisunterschiede geben muß ergibt sich wiederum aus dem Beispiel des Tourismus an Land.

Die unterschiedlichen Entwicklungen im Seetourismus zu erkennen ist ohne Frage ein interessantes Thema. Es konnte und sollte hier nur oberflächlich behandelt werden. Entscheidend aber wird sein, wie es den Veranstaltern von Seereisen — seien es Reeder oder Charterer — gelingt, immer mehr Menschen dahin zu bringen, sich zumindest einmal in ihrem Leben ihren Wunschtraum zu erfüllen — eine Seereise zu machen —.

HANSEATIC ★ TOURS

Was Ihnen auf einer Hanseatic Tours Kreuzfahrt so alles begegnen kann...

„Großen Tieren" können Sie bei uns nicht nur an Bord begegnen... zum Beispiel bekannten Größen aus Kunst und Kultur. Auch an Land wird es zu vielen unvergeßlichen Begegnungen kommen, weil Hanseatic Tours sich durch ein vielfältiges Angebot außergewöhnlich reizvoller Landausflüge, Vor- und Nachprogramme auszeichnet: von der Safari bis zum Besuch versteckter Tempel; von der Entdeckung überwältigender Metropolen und Naturwunder bis hin zum Badeurlaub an den Traumstränden exotischer Inseln.

Daß unser Schiffsangebot Namen von hohem Rang enthält – wie die Luxus-Yachten Sea Goddess I und II – hat sich unter Kreuzfahrern herumgesprochen. Unsere exklusiven Kreuzfahrt-Arrangements umfassen auch die Hin- und Rückflüge mit internationalen Liniengesellschaften, erforderliche Übernachtungen in erstklassigen Hotels, die erfahrene Hanseatic Tours Reisebegleitung und ein wirklich komplettes Versicherungspaket.

Hohes Service-Niveau, individueller Reisecharakter, vielfältige Leistungs-Komponenten... das alles wird Ihnen auf einer Hanseatic Tours Kreuzfahrt garantiert begegnen!

Veranstalter exklusiver Kreuzfahrten und Flugreisen

Hanseatic Tours · Große Bleichen 21c · 2000 Hamburg 36 · Telefon 040/356 00 00 · Telex 2161 202 hat d

Stockholm ⟷ Helsinki
Stockholm ⟷ Turku
Stockholm ⟷ Ålandinseln

1/85

Armin Ganser # Visionen der Fährschiffahrt

Ladeoffizier Peter S. drückt die grüne Taste am Förderband-Schaltpult. Langsam setzt sich Kolonne 1 der vor dem Fährschiff geparkten Autos in Bewegung, lautlos und wie von Geisterhand bewegt. Die Wagen klettern aufwärts zum Parkdeck C, verschwinden in der Einfahrt. Es folgen die Kolonnen 2 und 3, dann für Deck B die Wohnwagen-Gespanne und die Motorcaravans. Nur die wartenden Lastwagen werfen noch selbst die Motoren an, um aus eigener Kraft die zugewiesenen Stellflächen an Bord zu erreichen. Doch lediglich Sattelschlepper sind zu sehen, die ihr Ladeteil aufs Schiff befördern. Dann fahren sie wieder an Land zurück. Drei Besatzungsmitglieder reichen aus, um das Fließband-Bugsieren der Fahrzeuge zu überwachen. Wo aber sind die Auto-Insassen, die Fahrgäste?

Die sitzen zu diesem Zeitpunkt längst bei Tisch, aber auf einem anderen Schiff! Es ist ein Kreuzfahrten-Liner, der —mit allem Komfort auch für längere Seereisen ausgestattet — den Sommer über zum Zwillingsbruder jenes Container-Schiffes wird, das die Fahrzeuge transportiert. Entscheidender Vorteil bei dieser Arbeitsteilung: Der Fahrzeug-Transporter kann außerhalb der Sommersaison Frachterdienste übernehmen, während der KreuzfahrtenLiner dann den europäischen Winter über in der Karibik oder in Fernost auf Cruising-Kurs geht.

Statt des „Zweinutzungsschiffes" Fährschiff/Kreuzfahrtenschiff wird es schon in naher Zukunft „Zwillingsstrecken" geben, auf denen nebeneinander Autotransporter und Passagierdampfer verkehren. Als 1972 die Gewerkschaften wieder einmal die Korsika-Fähren bestreikten und während der Hauptsaison Tausende tagelang auf der Napoleon-Insel festsaßen, praktizierte die Reederei des Corsica-Expreß erstmals das Verfahren der Aufgabenteilung. Parallel zu der ersten nach dem Ausstand wieder verkehrenden Fähre Bastia-Genua wurde ein Containerschiff eingesetzt, das weitere Autos mitnahm. Der Corsica-Expreß war zwar bei dieser Überfahrt mit der doppelten Zahl der Passagiere gefährlich überladen. Aber fast 300 Urlauber erreichten auf diese Weise früher das Festland.

Die Zeit der immer voluminöseren Jumbo-Fähren, die nur während der sommerlichen Reisesaison Vollauslastung erreichen, geht bald zu Ende. Die Reedereien können es sich nicht mehr leisten, entgegen wirtschaftlicher Vernunft das investierte Kapital viele Monate des Jahres an den Kais dahindümpeln zu lassen. Was in der Luftfahrt schon lange gilt, wird auch in der Fährschiffahrt bald Prinzip: So wie nur ein Flugzeug, das in den Lüften schwebt, Geld verdient, werden nur noch solche Schiffe eine Chance haben, die auf Strecke verkehren statt im Hafen zu liegen.

Natürlich wird es auch weiterhin kleinere und mittlere Fährschiffe geben, die auf solchen Verbindungen fahren, die nicht nur in der Ferienzeit gefragt sind. Was aber durchaus bedeuten kann, daß dann in der Hauptsaison zusätzlich zwei „Zwillingsschiffe" zum Einsatz kommen.

Das Lager der „Zweinutzungsschiffe" indessen hat weiter seine Anhänger. Als Musterbeispiel dafür, daß die Zweifachnutzung durchaus erfolgreich betrieben werden kann, führen Insider immer wieder das Fährschiff „Black Prince" der Reederei Fred Olsen an, das sich jeweils zum Winter —durch Überpinselung des Namens — vom Publikum unbemerkt in das Kreuzfahrtenschiff „Venus" verwandelt. Die Anhänger der Zweifachnutzung nennen auch immer wieder die „Atalante" der Med Sun Lines, bei uns vertreten durch Pandora Bissias in München. Das frühere Frachtschiff, das heute zwei Dutzend bundesdeutsche Reiseveranstalter in ihren Sommer-Katalogen als Kreuzfahrer führen, nimmt auch Fährschiff-Passagiere zwischen Italien und Griechenland/Türkei mit.

Wo die Reserven für das Fährschiff-Geschäft von morgen liegen, ist bereits aus Zahlen von heute zu ersehen. Allerdings sind in diesem Bereich alle Zahlen mit Vorsicht und Vorbehalt zu betrachten, da Basiswerte der Reedereien fehlen: Angaben darüber, welche Nationalitäten in einer Saison oder in einem Kalenderjahr auf welchen Destinationen befördert worden sind.

Tabelle 1 beruht auf Angaben der ausländischen Fremdenverkehrsämter; sie sind aus einer Tabelle entnommen bzw. herausgerechnet, die von der Fachzeitung „touristik aktuell" zusammengestellt worden ist. Tabelle 2 stützt sich auf Querrechnungen aus der Reiseanalyse 1983 des Studienkreises Tourismus.

Unter den vier in Tabelle 1 erfaßten Hauptzielgebieten erreichten die Nordseeländer und hier speziell Großbritannien das größte Aufkommen an deutschen Besuchern. Viele von ihnen dürften allerdings „Kurzreisende" gewesen sein. Ihre Zahl wird künftig weiter zunehmen. „Kurzreisen" sind Urlaubsreisen von weniger als einer Woche. Nur so läßt es sich erklären, daß 1982 nur 980 000 Befragte erklärten, innerhalb der nächsten drei Jahre die britische Insel als Ziel der „Haupturlaubsreise" des Jahres zu wählen.

Auf Platz 2 der ersten Tabelle folgen die skandinavischen Länder. 583 900 Urlauber erreichten sie mit Fährschiffen 1982. Ihnen steht die hohe Zahl von 3,6 Millionen Interessenten gegenüber, die bei der Befragung 1982 angaben, zwischen 1984 und 1986 „ziemlich sicher" eine Ferienreise in eines der skandinavischen Länder zu planen. Gemessen an der Zahl von 175 000 Urlaubern, die vor zwei Jahren die Mittelmeerländer Griechenland, Zypern oder Türkei wählten, nimmt sich die Zahl von 1,68 Millionen Reiseinteressenten beachtlich hoch aus. Jedoch ist hier zu berücksichtigen, daß 68 Prozent der Urlauber 1983 in Hellas mit dem Flugzeug, aber nur 14 Prozent mit dem Fährschiff eintrafen. Ebenso groß ist die Zahlendiskrepanz bei Großbritannien: 140 200 Fährschiff-Benutzern stehen 1,42 Millionen Interessenten gegenüber.

Am aufschlußreichsten für Zukunftsprognosen sind indessen die beiden Zahlen für die nordafrikanischen Länder: 77 300 Schiffsreisende, 640 000 Interessenten, eine Proportion also von 1 : 8,3. Das Urlauber-Potential für Fährschiffe dürfte hier indessen weit höher liegen. Warum?

Es fehlen hier erstens die bisher aus politischen Gründen für das Reisegeschäft ausgefallenen Zielländer Algerien, Syrien und Libanon. Es gibt zweitens bisher keine durchgehende Küstenstraße von der Türkei bis nach Gibraltar/ Tanger, und es mangelt an einer durchgehenden touristischen Infrastruktur für Pkw-Reisende. Die Urlauber indessen neigen heute immer stärker zu Aktivitäten in den Ferien; nur faulenzen, sonnengrillen am Strand — das ist einer wachsenden Zahl von Feriengästen einfach zu wenig. Die „Erholer" wollen aber nicht nur Tennis spielen, surfen, segeln, wandern, sie verlangen zum einen nach mehr Mobilität am Ferienort, und sie suchen verstärkt Erlebnisse in ihrem Zielland. Natürlich helfen Leihwagen, solche Wünsche zu verwirklichen. Aber bisher sind es — da mit Chartermaschinen eingeflogen — größtenteils Pauschalgäste der Reiseveranstalter, die in den bisher für den Tourismus erschlossenen nordafrikanischen Ländern die Küsten-Hotels besetzen. Die große Reserve bilden jene 70 Prozent der fast 27 Millionen deutschen Ferienreisenden, die den Aufbruch zum Urlaubsziel auf eigene Faust organisieren. So spricht vieles dafür, daß die Fährschiffahrt innerhalb der nächsten 20 Jahre Nordafrika den deutschen Autoreisenden näherrücken könnte.

Bis diese neuen Interessenten in den Reisebüros oder bei den Reisestellen der Automobilclubs Tickets für die „Brücken über die Meere" bestellen, wird sich allerdings beim Buchen von Fährschiffen noch sehr viel ändern. Grundsätzlich wird man in jeder Reiseverkaufsstelle jedes Schiff jeder Reederei, die sich im europäischen Fährverkehr betätigt, buchen können. Auch die bisher mehr oder weniger verkauften Verkehre nach Island, Madeira oder zu den Kanaren. Irgendwo werden die Reedereien eine europäische Buchungszentrale installieren, die alle Reservierungen und Stornierungen erfaßt. Ob sich dieses System aus START entwickelt oder ganz anders aussieht, scheint heute eine zweitrangige Frage zu sein. Sicher ist auf jeden Fall, daß der Kunde von morgen eine Marktübersicht wünscht, wenn er sich für eine bestimmte Destination interessiert.

Dazu aber muß zunächst einmal das bisher völlige Durcheinander von Preisberechnungen beseitigt werden. Dann werden für Fahrzeuge auf allen Schiffen nur noch einheitliche Preiskriterien (Gesamtlänge, Höhe usw.) gelten. Beim Buchen erhält der Kunde künftig natürlich sofort das ausgedruckte Ticket. Daß Urlauber dann später im Abfahrtshafen in der Hitze herumirren, bis sie das Büro ihrer Reederei gefunden haben, wird schon in Bälde der Vergangenheit angehören. Der Pkw-Lenker steckt, in der Verlade-Kolonne vor seinem Schiff angekommen, das Ticket nur noch — wie beim Parkhaus — in einen Schlitz, woraufhin der lokale Computer das „Eingetroffen" registriert. Nun muß die Urlauberfamilie nur noch das Bordgepäck aus dem Wagen nehmen. Das Förderband, das unter der Kolonne verläuft und die Fahrzeuge auf Luftkissen hochstützt, wird wie ein Gepäckverladebagger alles Weitere erledigen.

Natürlich werden die Fahrgäste auch nicht mehr ihren Sonnenplatz für die Überfahrt durch eine dunkle Garage, zwischen Stoßstangen und auf engen Fußgängerstegen balancierend, erreichen. Auch nicht über einen außerbords vertauten, schwankenden Landesteg. Ein völlig neues Fahrzeug, das eine Kombination aus Transferbus und Fahrstuhl darstellt, wird die Gäste an Bord hieven. Möglicherweise wird sich eine zweite technische Lösung durchsetzen, die heute schon z.B. bei der Finnjet praktiziert wird, dort allerdings für das Catering: Daß die Passagiere in einer Art Container an Bord „geschossen" werden und später auf die gleiche Weise wieder das Festland erreichen.

Das Komfort-Fährschiff der Zukunft ist die Weiterentwicklung jener damals 1959 neuen Generation von Fährschiffen, die bald den Ruf von „schwimmenden Hotels mit Garage" hatten: Die „Egnatia" der Hellenic Mediterranean Lines und die „Appia" der Adriatica. Sauna, FKK-Sonnendeck, Swimmingpool mit einer voll in den Boden versenkbaren Kuppel darüber werden auf jedem Fährschiff zu den Selbstverständlichkeiten gehören.

Die Fährschiffe von morgen werden aber auch stärker mit einem Kundenkreis zu rechnen haben, den sie anfangs nur widerwillig annahmen: Den Campern mit Wohnwagen oder selbstfahrenden Motorcaravans (Reisemobilen). In der Bundesrepublik gibt es derzeit 630 000 Wohnwagen, von denen zwei Drittel nicht nur dauergeparkt, sondern auch für Ferienfahrten genutzt werden. Ferner 240 000 Motorcaravans, schließlich aber auch noch sechs Millionen Besitzer von Zelten — vom kleinen Jugend-Hauszelt bis zur geräumigen Textil-Villa.

TOUROPA KREUZFAHRTEN
EINE KLASSE FÜR SICH

Wir wollen, daß Sie zufrieden sind.

Tabelle 1   **Die Bundesbürger auf Auslandsreise — Ziele und Verkehrsmittel 1983**

		Zahl der deutschen Urlauber	Anteil Flug	Anteil Schiff	Zahl der Fährschiffbenutzer
Skandinavien	Finnland	200 000	30%	70%	140 000
	Norwegen	360 000	8%	75%	270 000
	Schweden	97 530	1%	85%	82 900
	Dänemark	100 000	–	91%	91 000
					583 900
Nordafrikan. Länder	Ägypten	95 800	85%	15%	14 400
	Israel	112 000	80%	20%	22 400
	Marokko	127 000	55%	23%	29 000
	Tunesien	230 170	95%	5%	11 500
					77 300
Mittelmeerländer	Griechenl.	728 500	68%	14%	102 000
	Türkei	174 900	29%	40%	70 000
	Zypern	37 000	90%	10%	3 700
					175 700
Nordsee-Länder	Großbritan.	1 374 000	36%	64%	857 600
	Irland	90 000	42%	58%	52 200
					909 800

Quelle: „touristik aktuell", Jäger-Verlag, Darmstadt

Tabelle 2   **Ferienziel-Potentiale der deutschen Urlauber 1984 bis 1986**

Von 48,14 Millionen Bundesbürgern über 14 Jahre wollten 1983 „ziemlich sicher" innerhalb der nächsten drei Jahre reisen nach:

Skandinavien	Finnland	0,53	Millionen
	Norwegen	0,75	
	Schweden	1,01	
	Dänemark	1,37	
		3,66	Millionen oder 8% der Befragten
Nordafrikanische Länder	Ägypten	0,15	Millionen
	Israel	0,19	
	Marokko	0,11	
	Tunesien	0,19	
		0,64	Millionen oder 1% der Befragten
Mittelmeer-Länder	Griechenland	1,55	Millionen
	Türkei	0,13	
		1,68	Millionen oder 3,5% der Befragten
Nordsee-Länder	Großbritannien	0,98	Millionen
	Irland	0,44	
		1,42	Millionen oder 3% der Befragten

Quelle: Reiseanalyse 1983 Studienkreis für Tourismus

FINNJET – Ihr direkter Weg nach Finnland!

Die FINNJET, eins der aufregendsten Passagierfährschiffe der Welt, bringt Sie schnell und bequem nach Finnland!

Die FINNJET ist Urlaub von Anfang an

Mit FINNJET beginnt Ihr Urlaub schon in Travemünde! Statt in Staus oder vor roten Ampeln zu stehen, fahren Sie auf einem komfortablen Schiff der Superklasse direkt in Ihr Urlaubsparadies! 1145 km, die Sie nicht hinterm Steuer, sondern zum

Beispiel an Deck in der frischen Seeluft, in der Sauna, im Kino oder in einer der gemütlichen Bars sitzen.

Auf der FINNJET können Sie sich nach Herzenslust entspannen und erholen! Genießen Sie die frische Seeluft, die gute finnische Küche, schwingen Sie das Tanzbein oder machen Sie einen Bummel durch Boutiquen und kleine Shops!

Riesenspaß für die Kleinen

Auch Kinder fühlen sich auf der FINNJET richtig wohl. Spielzimmer, lustige Filme und eine Menge anderer Spielkameraden lassen Langeweile gar nicht erst aufkommen! Und da die FINNJET als besonders „kindersicher" bekannt ist, müssen sich Eltern keine Sorgen um ihre Kleinen machen.

Mit Finnjet Meer erleben

Machen Sie sich und Ihrer Familie das Vergnügen einer echten Hochseereise mit FINNJET! Willkommen an Bord. Und schöne Tage in Finnland.

Finnjet-Line
Wir verlängern Ihren Urlaub

ms Europa

Hapag-Lloyd, seit 135 Jahren in der Passagierschiffahrt auf allen Weltmeeren und in allen Häfen zu Hause. Viele der über 1.300 Schiffe unserer Reederei waren weltberühmt: sei es die Auszeichnung mit dem „Blauen Band" für die schnellste Nordatlantik-Überquerung, oder aber sie sind als größte Schiffe der Welt in die Geschichte eingegangen. Ob Liniendienst oder Kreuzfahrt, immer schon gehörte Hapag-Lloyd zu den Pionieren bei der Betreuung von Fahrgästen. So auch heute, mit dem modernsten und größten Kreuzfahrtenschiff unter deutscher Flagge – ms Europa.

Dr. Ralf Schneider **Phoenix aus der Asche –
vom Kasten zum Turm**

Seepassage bietet Geschichte(n), Seepassage ist Gegenwart, Seepassage hat Zukunft. Noah, Kreuzritter, Wissenschaftler, Auswanderer, US-Prohibitions-Ausweichler, KdF-Fahrer, Linienpassagiere — sie alle bilden Glieder in der langen Entwicklungs-Kette der Beförderung von Menschen zur See. Die Gegenwart wird dominiert von der internationalen Kreuz- und Fährschiffahrt. Wird sie gleichermaßen dokumentiert vom amerikanischen „Love boat" und vom fortgesetzten und wiederholten deutschen „Traumschiff"?
Und die Zukunft?
Wird sie beherrscht von auf Katamaranen schwimmenden Hoteltürmen — das Stichwort Babel drängt sich auf — und segelnden 5-Sterne-Nobel-Nostalgie-Club-Etablissements? Und besteht z. B. die britische Kreuzschiffahrts-Flotte im Jahre 2083 aus zwei oder drei Dutzend Einheiten — gegenüber nur neun 1983 —, auf denen insgesamt 9 000 Seeleute und dienstbare Geister für Verpflegung und Vergnügen eingesetzt sein werden — dreimal soviel Personal, wie dann auf dem Rest der englischen Handelsflotte zusammen tätig sind?
Zurück zu Noah. Noah?
Was hat die Bibel mit Kreuzfahrt zu schaffen? Sicher hält Noahs „Kasten" keinen Vergleich mit heutigen Passagierschiffen aus und selbst die für den Transport von hunderten von Schafen nach Arabien jüngst auf deutschen Werften gebauten Frachter dürften mit automatischer Futtermischung und -zuführung sowie Abfallentsorgung für Mensch und Tier komfortabler sein als es Noahs Dreidecker damals war. Was aber die Größe der zweifellos ersten, wenn auch unfreiwilligen Kreuzfahrereinheit der Welt anbetrifft, so scheinen ihre Ausmaße doch respektabler zu sein als gemeinhin angenommen. Heißt es doch in der Bibel (Gen. 6.15-16): *„So sollst du die Arche bauen: Dreihundert Ellen lang, fünfzig Ellen breit und dreißig Ellen hoch soll sie sein. Mach der Arche ein Dach, und hebe es genau um eine Elle nach oben an! Den Eingang der Arche bring an der Seite an! Richte ein unteres, ein zweites und ein drittes Stockwerk ein!"* Eine Elle entsprach etwa einem halben Meter. Phantasievolle Technikwissenschaftler berechnen daraus, daß Noahs Schiff folgende technische Daten aufwies, die bei der Zahl der aufzunehmenden Tiere sicher erforderlich waren: 150 Meter Länge ü.a., 25 Meter Breite und 15 Meter Höhe sowie 15 000 BRT. Und diese Größenordnungen veranlassen schon den einen oder anderen zu der Vermutung, daß ein Schiff mit solchen Abmessungen damals weder per Segel noch mit Muskelkraft per Ruder zu bewegen war. Dies führt dann zu der weitergehenden Vermutung, hier müsse eine Dampfmaschine — in altindischen Quellen finden sich Hinweise auf Schiffe mit „Hörnern" auf dem Rücken, aus denen „Funken" sprühten — im Spiel gewesen sein, um diesen „ollen Kasten" voranzubringen.
Theologen weisen denn auch darauf hin, daß die Maße der Arche ihr erst später von israelitischen Schriftgelehrten „angedichtet" worden sind, wobei sie vielleicht die Daten eines seinerzeit besonders großen Typs von Wasserfahrzeugen — eines phönizischen Tarschisch-Schiffes — übernahmen. Bei den Exkursionen in die Vergangenheit bleibt also genug Raum für Spekulationen.
Bleiben wir bei den Spekulationen, lösen uns von der Vergangenheit, blicken auf die Abteilung Science Fiction (SF). Orientiert man sich an der Ausstellung „Zukunft von gestern" und dem titelgleichen Begleitbuch, so begegnet dem Leser der Begriff „Schiff" vorwiegend in Zusammensetzungen mit den Wörtern Krieg, Luft und Raum. Von jenen Voraussagen, deren Eintreffen überprüfbar ist, weil es bereits für die Zeit vor 1985 annonciert wurde, ist z. B. — erfreulicherweise für den Inselschiffahrtsverkehr — jene von 1907 nicht eingetroffen, die ab 1930 ein Zeitalter der Verkehrsluftschiffe erwartete: *„Nur nach Helgoland zu fahren empfahl sich weniger. Die Insel war zeitweilig derart von Luftschiffen überdeckt, daß man eine bis anderthalb Stunden warten mußte, bis der geringere Raum zum Landen freigegeben war. Das Landen dauerte viel-*

fach länger als die ganze Fahrt. Der geschäftliche Sinn der Helgoländer wußte aber Rat zu schaffen. Sie konstruierten besondere Schiffe, auf denen die Landung der Luftschiffe erfolgen konnte. So kamen die Helgoländer auf einem Umweg zu ihrer uralten Gebühr des Ausbootens."

Ebenso wenig realisiert hat sich die Prophezeiung von 1903: *„So konnten den Hafen Wannsee (in Berlin im Jahre 1970) zum Beispiel Überseeschiffe anlaufen."*

Schön wär's! Fährschiffsreedereien lesen sicher besonders gern, daß die 1909 für 1984 prognostizierte Entwicklung nicht eingetreten ist: *„Für die schnelle Überwindung kürzerer Strecken (etwa den Kanal zwischen Dover und Calais) benutzte man die Bombenpost. Der Passagier legt sich in eine Art großer ausgepolsterter Granate und wird dann aus einem ungeheuren langen Kanonenrohr vermittelst einer langsam wirkenden Sorte von Pulver — damit zu Anfang kein Stoß eintritt und die nöthige Geschwindigkeit erst allmählich erreicht wird — über den Kanal geschossen und auf der anderen Seite durch einen höchst sinnreichen Mechanismus sehr sanft aufgefangen. Auf größeren Strecken bewährt die Sache sich nicht ..."*

Hoffnung gibt auch — besonders für die Hamburg anlaufenden Kreuzfahrer —, daß erst für das Jahr 2398 die 1893 niedergelegte Prognose gilt: *"So hatte man diejenige Stelle des Flusses erreicht, an welcher sich, den Karten zufolge, der Hafen befinden sollte, der große berühmte Hamburger Hafen, der Stapelplatz unermeßlicher Schätze aller Welttheile. Was sich den Blicken hier darbot, war ein Bild grauenhafter Verwüstung und Verwilderung. Das weite Hafenbassin war mit einer grünen filzigen Masse bedeckt, durch welche sich die Boote nur mit Mühe vorwärts bewegten.*

Wo der Kiel diese Masse durchschnitt, stiegen faulige, pestilenzartige Dünste empor. Von dem Mastenwald, der einst hier zu finden gewesen, war nichts zu sehen, als die Wracks einiger großer Dampfer alterthümlicher Bauart, welche, dick mit Rost und Moder überzogen, an den verfallenen Quais lagen."

Vielleicht etwas eher als erst im Jahre 2407 — wie 1907 geschätzt — dürfte eintreffen: *"... und riesige Unterseeboote hatten einen Reise-Boom hervorgerufen, der sich bis in die Schulen auswirkte. Das Schuljahr nämlich teilte sich in ein Schulsemester (1.10. - 31.3.) und ein Reisesemester (1.4. - 30.9.), in dem die Schüler zu jedem beliebigen Ort der Erde reisen konnten oder reisen mußten, die Pole nicht ausgenommen."*

Sind doch bereits seit einigen Jahren Kreuzfahrtprogramme aufgelegt, deren Anlaufhäfen sich an historischen Stätten ausrichten; andere bewegen sich auf den „Spuren der Bibel", wieder andere auf denen der Entdecker. Und kaum eine Kreuzfahrt verzichtet noch auf künstlerische Darbietungen im musikalischen Bereich, meist zelebriert von Weltstars des jeweiligen Genres, ganz zu schweigen von ausgesprochenen Konzert-Kreuzfahrten. Der Hobby- und Fortbildungssektor läßt sich von den meisten Passagierschiffen ebenfalls kaum noch wegdenken — nicht zu reden von Sport-, Fitniss- und F.d.H.-Programmen. Sogar von der Schwimmenden Universität spricht man schon.

Wie Unterschiede und Gemeinsamkeiten zwischen gestern und heute in der Passagierschiffahrt nebeneinander stehen, deuten zwei wahllos herausgegriffene Beispiele an. Während der Anfänge der Beförderung von Passagieren zur See war die maximale Zeitdauer einer Fahrt oft von der Überlebenserwartung der als lebendem Proviant mitgeführten Tiere bestimmt. Überdies wurde bei Fahrten unter der Küste möglichst zur Nacht an Land angelegt und dort die wichtige Abendmahlzeit zubereitet und verzehrt. Heute dagegen liegen die Kreuzfahrtschiffe vorzugsweise den Tag über in den Häfen, um den Gästen Gelegenheit zu Ausflügen zu geben, zu Sightseeing and Shopping. Lebendvieh wird längst nicht mehr zur Fahrgastbeköstigung an Bord gefahren, und bereits seit Jahren verzichten selbst die rückständigsten „He lüchts" — wie man an Norddeutschlands Küsten die Hafenerklärer leicht verklärend nennt — auf den Kalauer, daß hinter den „Bull"augen der Passagierschiffe die Frischmilch liefernden Kühe stehen — besonders seitdem die bulleyes immer eckiger, größer zu richtigen Hotelfenstern geworden sind.

Von den Kreuzzüglern — man darf sie getrost als die ersten, wenn auch nicht gerade friedlichen Kreuzfahrer bezeichnen und nicht umsonst trägt Basil W. Bathes Standardwerk den Titel „Von den Kreuzzügen zu den Kreuzfahrten" — wird berichtet, daß sie gelegentlich ihr Ziel nicht oder erst mit Verzögerung erreichten, weil sie ihre Barschaft an Bord verspielt hatten. Wem kommen da nicht die spitzen „BINGO"-Schreie wieder ins Ohr, die zuerst auf den Linienpassagierschiffen zu hören waren. Inzwischen ist dieses nette Gesellschaftsspiel in einigen Kreuzfahrtgebieten eher ein Traditionsvergnügen älterer Damen — ansonsten haben dort andere Glücksspiele und die große Schar der einarmigen Banditen das Regiment übernommen. Kontinuität also.

Geblieben sind auch die Ship-lover und ihre besondere Unterart, jene Globetrotter und Gourmets, die schon auf 50 und mehr Passagierschiffen aller Reedereien und Größenklassen die Welt bereist haben — und sich dabei eine ausstellungsreife Sammlung maritimer Souvenirs zugelegt haben: Carusos Schiffspost, von der „France" ein Stück Reling, ein Namenswimpel der Fünfziger-Jahre „Berlin" des Norddeutschen Lloyd, Reedereiflaggen von der „Queen Elizabeth 2" und der „Windsor Castle", die Speisekarte des Restaurants der „Bremen" von 1929, in dem jene dinierten, denen die zwölfgängige Speisefolge im Speisesalon nicht ausreichte. Wie positiv heben sich solche Liebhaber ab vom Skeptiker Buchheim, der den „Luxusliner" in seiner subjektiven Sicht zur Scheinwelt erklärt, das „Boot" jedoch zur Realität verklärt und mit dieser Sachlichkeit die Faszination verdrängt, wie sie die Leipziger Illustrierte (!) schon 1849 anläßlich der Infahrtsetzung der

„Helena Sloman" formulierte: „*Alles an diesem Dampfschiff macht den Eindruck einer mit praktisch Nützlichem verbundenen Anmut. Die See mit ihren Gefahren und Mühseligkeiten soll, soweit es in menschlichen Kräften liegt, überwunden und der Komfort, die Bequemlichkeit und das gesellige Zusammenleben des festen Landes während so einer Reise zurückgezaubert werden.*"
Schließen wir den Kreis. In der Arche Noah waren viele Tiere unterschiedlicher Art zusammen mit nur wenigen Menschen. Heute führt eine Seepassage auf modernen Kreuz- und Fährschiffen viele Menschen unterschiedlicher Herkunft und verschiedener Sprache, nicht nur bei den Passagieren, sondern auch bei der Besatzung, zueinander und in der Regel nur wenige Tiere. Wie nahe jedoch alles beieinander liegt, macht ein Blick in das Büchlein von und über „Hermännchen (Kleefisch) und die christliche Seefahrt" deutlich. Er beschreibt dort eine (Rück-)Reise der für auswandernde Passagiere konzipierten „Vigo" von Buenos Aires nach Hamburg, bei der das gesamte Schiff — Betten und Kammerwände ließen sich abmontieren — vom Zirkus Hagenbeck gechartert wurde: „*Der Ameisenbär bekam rohe Eier zum Frühstück, kein Wunder, daß er auf dumme Gedanken kam!...Der große Condor mit seiner immer frisch rasierten Glatze war sehr mit Vorsicht zu genießen.... Eines von den kleinsten Ponys hatte ein Fohlen, ein lebendes Schaukelpferdchen!... Die Seelöwen reisten in ihrem I. Klasse Bassinwagen und wurden laufend mit frischem Seewasser und Fischen versorgt*" und schließlich versetzte der Schrei: „Die Affen sind los" das ganze Schiff in Alarmzustand. Ersetzt man die Namen der Tiere ... Das Stichwort Tier führt schlußendlich hin zum Tierkreiszeichen — haben wir es doch beim Initiator dieser Zeilen, beim Seepassage-Komitee Deutschland (SPKD) mit einem Geburtstagskind zu tun. „Das große Buch der Schiffs- und Seemannsastrologie" schreibt unter dem Steinbock — der 13. Januar 1969 ist sicher bewußt als Gründungstag des SPKD gewählt worden: „*Unter den Passagieren von Traumschiffen finden sich verhältnismäßig viele Steinböcke. Hier können sie ihrer so heißgeliebten modischen Eleganz frönen und ihre guten Manieren zeigen.*" Und nicht ohne Sinn wurde sicher die Jubiläumsveranstaltung in die Wassermann-Zeit gelegt, zu der es dort heißt: „*... als Gastgeber auf dem eigenen Wasserfahrzeug schaffen es die Wassermann-Geborenen, in kürzester Zeit mit allen Mitmenschen bestens auszukommen, weil sie diplomatisch talentiert sind und immer interessante Gesprächsstoffe parat haben.*"
P. S. Apropos Wassermann: „Die Erde wurde von tausend Milliarden Menschen bewohnt. ... Da der feste Boden für derartige Massen nicht ausreichte, hatte sich die menschliche Spezies auch in der Tiefsee ausgebreitet, und zwar als gezüchtete Amphibien." Eine SF-Prognose von 1967 für das Jahr 2794. Dann würde das Seepassage-Komitee 834 Jahre bestehen. Ob dann „Schwimmende Türme" (noch) als Kreuzfahrtschiffe dominieren? Das Seepassage-Geschäft müßte bei 1 000 Milliarden Menschen blühen, die menschlichen Amphibien unter ihnen würden als Nachfragepotential allerdings wohl ausfallen.

Mit dem
kompletten Angebot:

Reise *plus* Reiseversicherung
für Reise und Aufenthalt

Die EUROPÄISCHE
Ihre Versicherung für Reise und Urlaub

Deutsche Kreuzfahrttradition

»BERLIN«

SINGAPUR – VENEDIG
8. 2. – 15. 3. 1985

Das Sommerprogramm 1985

Höhepunkte des östlichen Mittelmeeres
Auf klassischer Kreuzfahrtroute
Sonniger Atlantik
Höhepunkte auf der Reise um Westeuropa

Norwegens schönste Fjorde
Mitternachtssonne am Nordkap
Auf Nordlandkurs nach Spitzbergen
Perlen der Ostsee

Ausführlicher Prospekt in Ihrem Reisebüro oder direkt bei:

Peter Deilmann
Reederei
2430 Neustadt in Holstein
Hafensteig 19
Telefon: 04561/6041

Seetours
International
6000 Frankfurt/Main
Weißfrauenstraße 3
Telefon: 069/13331

seetours international

Wir sind auf allen sieben Weltmeeren zuhause

Seetours International macht Ihnen die Auswahl leicht. Seit 25 Jahren sind wir Spezialveranstalter für Individual-Seereisen. Unsere Programme umfassen die Angebote deutscher und internationaler Reedereien mit einer Fülle an kleinen und großen, preiswerten und exklusiven Kreuzfahrten auf unterschiedlichsten Routen. Es ist abgestimmt auf die Ansprüche und Wünsche des deutschen Kreuzfahrten-Publikums.
Nur im Seetours-Katalog finden Sie so viele Angebote „unter einem Dach".
Das erleichtert Ihre Entscheidung und sorgt für Markttransparenz.

Vom romantischen Windjammer bis zum Kreuzfahrt-Schiff der Welt-Spitzenklasse, von der Autofähre bis zum Flußschiff.

Wir sind darauf bedacht, ein möglichst ausgewogenes, alle wichtigen Regionen der Kreuzfahrtwelt abdeckendes Spektrum an Routen zu bieten. Von der beliebten Reise in die norwegische Fjordlandschaft, bis zur erlebnisreichen Reise durch das Chinesische Meer. Dabei können Sie wählen zwischen reinen Kreuzfahrten, kombinierten Flug- und Schiffsreisen, kombinierten See- und Badereisen, Segeltörns, Flußreisen und Auto-Fähr-Schiffsreisen.

Unsere Seepferdchen erleichtern Ihre Entscheidung.

Selbst erfahrenen Kreuzfahrten-Urlaubern fällt es nicht immer leicht, anhand der Schiffsbeschreibungen eine Bewertung der Schiffe vorzunehmen. Um diese Bemühung zu ersparen, haben wir ein – von den Reedereien unabhängiges – Bewertungssystem eingeführt. Übrigens als erster Kreuzfahrten-Veranstalter!
Buchungen in Ihrem Reisebüro.
Informationen:

Seetours International,
Weißfrauenstraße 3, 6000 Frankfurt am Main,
Telefon: 069 – 13 33-1

Was Seetours sonst noch leistet.

Unsere Leistungen beschränken sich natürlich nicht nur darauf, aus einem internationalen Angebot eine den Kundenwünschen entsprechende Auswahl zu treffen. Die meisten Reisen werden von Seetours-Reiseleitern betreut. Wir kümmern uns auch um Ihre An- und Abreise zum bzw. vom Hafen. Ob per Bahn, Flugzeug oder mit dem Auto.

Arnold Kludas

Kreuzfahrtschiffe unter deutscher Flagge – Gestern, heute, morgen?

Deutschlands Anteil an der internationalen Seetouristik ist bescheiden. Nur zwei Kreuzfahrtenschiffe laufen gegenwärtig unter der Flagge der Bundesrepublik. Das Bild wird auch dann nicht erfreulicher, wenn man zwei Schiffe dazurechnet, die unter Panama-Flagge in der Karibik für die deutsche Tochter einer skandinavischen Gesellschaft fahren. Angesichts der hundertjährigen Tradition der deutschen Kreuzschiffahrt und angesichts der vielen Pionierleistungen deutscher Reeder auf diesem Gebiet fällt die heutige Unterbesetzung in diesem weltweit blühenden Wirtschaftszweig auf. Wie war das früher?

Die Frage nach der ersten Kreuzfahrt ist nicht eindeutig zu beantworten. Die in den 80er Jahren des vorigen Jahrhunderts beginnenden Fahrten britischer und norwegischer Dampfer in die Welt der norwegischen Fjorde kann man als den Beginn der Kreuzfahrten bezeichnen. Man kann sie allerdings ebensogut mehrtägige Ausflugsfahrten nennen, denn die kleinen Küstenschiffe boten kaum etwas von dem Komfort, der später zum Kriterium für Kreuzfahrtschiffe werden sollte. Einen solchen Komfort konnten auch die aus dem Liniendienst ausrangierten Passagierschiffe nicht bieten, mit denen die britische Orient Line ab 1889 Mittelmeer- und Nordlandfahrten veranstaltete. Alle diese Fahrten waren bestenfalls die Vorläufer dessen, was später den Begriff Kreuzfahrten ausmachte.

Einen Maßstab, der auch heute noch Gültigkeit hat, setzte 1891 die Hamburg-Amerika Linie (Hapag). Die Zweischrauben-Schnelldampfer dieser Reederei gehörten damals zu den schnellsten, luxuriösesten und größten Schiffen der Welthandelsflotte, was ihnen volle Decks in allen Passagierklassen sicherte. Allerdings nur im Sommer, denn in der kalten und stürmischen Jahreszeit flaute der Passagierverkehr merklich ab. Albert Ballin, Direktor der Hapag, hatte eine Idee, wie die Schiffe auch im Winter gewinnbringend beschäftigt werden konnten. Er ließ eine zweimonatige „Orient-Excursion" mit 13 Anlaufhäfen und attraktiven Landprogrammen ausarbeiten und bot sie über europäische und amerikanische Reiseagenturen an. 241 Interessenten buchten, weitere Anmeldungen mußten unberücksichtigt bleiben. Am 22. Januar 1891 begann diese erste Luxus-Kreuzfahrt in der Geschichte der Schiffahrt, die mit Passagieren aus elf Nationen von Cuxhaven über britische, portugiesische, italienische und griechische Häfen bis nach Konstantinopel, Jaffa und Beirut führte. Am 21. März machte die 7661 BRT große AUGUSTA VICTORIA wieder in Cuxhaven fest; die Reise war ein voller Erfolg gewesen. Die Hamburg-Amerika Linie bot jetzt jedes Jahr zwei Orientreisen an. 1894 begründete die AUGUSTA VICTORIA die Tradition der deutschen Nordland-Kreuzfahrten, und 1896 machte ihr Schwesterschiff COLUMBIA die erste Westindien-Kreuzfahrt der Hapag.

Damit waren die Maßstäbe abgesteckt, an denen sich die Veranstalter internationaler Kreuzfahrten zu orientieren hatten. Und die Hamburg-Amerika Linie blieb nicht bei diesen ersten Schritten stehen, sondern ließ weitere Pionierleistungen folgen. Im Jahr 1900 stellte die Hapag das erste speziell für Kreuzfahrten gebaute Schiff der Welt in Dienst, die 4419 BRT große PRINZESSIN VICTORIA LUISE. Ihr folgte 1904 die METEOR von 3613 BRT, mit der die Hapag schon damals relativ preiswerte Kreuzfahrten unterhalb der Luxus-Klasse anbot. Schon 1906 kam ein drittes Kreuzfahrtschiff dazu, die 7859 BRT große OCEANA. Mit der Indienststellung ihres 1911 aus dem Schnelldampfer DEUTSCHLAND umgebauten Cruise Liners VICTORIA LUISE (16 703 BRT) unterstrich die Hamburg-Amerika Linie ihre dominierende Stellung im weltweiten Kreuzfahrtgeschäft. Keine andere Schiffahrtsgesellschaft besaß damals reine Kreuzfahrtenschiffe. Doch die Hapag setzte daneben noch andere Passagierschiffe aus ihren Liniendiensten für Kreuzfahrten ein, so zum Beispiel 1909 die CLEVELAND für die erste Weltreise.

„MILWAUKEE"

„RELIANCE"

„ARIANE"

„MONTE SARMIENTO"

Daneben spielte der Norddeutsche Lloyd vor dem Ersten Weltkrieg eine vergleichsweise bescheidene Rolle in der internationalen Kreuzfahrt. Die vom Lloyd gern als erste deutsche Kreuzfahrt reklamierte Expedition, die der Dampfer KAISER WILHELM II 1890 nach Norwegen gemacht hatte, war insofern keine Kreuzfahrt, als das Schiff von einer wissenschaftlichen Gesellschaft für eine Bildungsfahrt ihrer Mitglieder gemietet worden war. Daß der Lloyd vor 1914 mit Kreuzfahrten kaum in Erscheinung trat, war hauptsächlich in Vereinbarungen mit der Hamburg-Amerika Linie begründet. Diese war sehr um die Erhaltung ihres Kreuzfahrtenmonopols bemüht und ließ sich Zugeständnisse in anderen Fahrgebieten mit einem weitgehenden Kreuzfahrtverzicht des Norddeutschen Lloyd bezahlen.

Nach dem Ersten Weltkrieg standen die deutschen Reedereien zunächst ohne Übersee-Schiffe da, und danach hatte naturgemäß der Wiederaufbau der Liniendienste Vorrang. So war es dann ein Outsider, der 1923 das erste deutsche Kreuzfahrtschiff nach dem Krieg in Fahrt brachte. Die in Stettin beheimatete 8700 BRT große PEER GYNT des Berliner Reeders Victor Schuppe brachte aber nicht den erhofften Gewinn und wurde nach knapp zwei Jahren ins Ausland verkauft.

Als nächster trat der Norddeutsche Lloyd auf den Plan, der ab 1925 Dampfer aus seinen Liniendiensten abzog und Kreuzfahrten nach Norwegen und ins Mittelmeer anbot. Ein reines Kreuzfahrtschiff besaß der Lloyd auch in den 20er Jahren nicht.

Auf eine besondere Weise kam 1925 die Hamburg-Süd ins Kreuzfahrtgeschäft. 1924 hatte diese Reederei das erste ihrer fünf 14 000 BRT großen MONTE-Schiffe in Dienst gestellt, die eigentlich für die Auswandererbeförderung nach Südamerika bestimmt waren. Dementsprechend waren die Schiffe mit Einrichtungen für Fahrgäste III. Klasse ausgestattet, von denen 1300 in Kabinen wohnen konnten. Als dann die brasilianische Regierung die Einwandererquote drastisch beschränkte, war die Nutzung der Passagierkapazitäten auf der Südamerika-Route nicht mehr möglich. Die Hamburg-Süd versuchte etwas vollkommen neues: Sie ließ die MONTE-Schiffe Nordland- und später auch Mittelmeer-Kreuzfahrten machen, wofür die als Einklassenschiffe konzipierten Motorschiffe optimal geeignet waren. Die Passagiere der Hamburg-Süd waren eine ganz neue Kreuzfahrt-Klientel, denn die Preise auf diesen III.-Klasse-Schiffen lagen natürlich ganz erheblich unter denen der Luxusschiffe von Hapag und Lloyd. Das neue Konzept ging auf und wurde von der Hamburg-Süd bis 1939 erfolgreich praktiziert. Wenn auch diese Touristen-Cruises überwogen, gab es bei der Hamburg-Süd durchaus auch Luxus-Kreuzfahrten. Sowohl die CAP POLONIO wie auch das Flaggschiff der Reederei, die 27 561 BRT große CAP ARCONA, machten zwischen ihren Linienfahrten immer wieder Gala-Kreuzfahrten; in erster Linie für reiche Südamerikaner nach Feuerland.

Verhältnismäßig spät kehrte die Hamburg-Amerika Linie ins Kreuzfahrtgeschäft zurück. Erst 1927 bot sie wieder Vergnügungsreisen zur See an, dafür aber gleich mit Superschiffen. Die 20 000 BRT großen Schwestern RESOLUTE und RELIANCE wurden fortan überwiegend für Kreuzfahrten eingesetzt. 1928 folgte als reiner Cruise Liner die 8791 BRT große OCEANA. Im großen Stil wurde weitergemacht. Neben den 17 000 BRT-Schwesterschiffen MILWAUKEE und ST. LOUIS wurden auch andere Passagierschiffe aus dem Liniendienst genommen und auf Kreuzreisen geschickt. Die Hapag war schon wieder die größte Kreuzfahrt-Reederei der Welt, und sie baute in den 30er Jahren besonders das Geschäft der gehobenen Luxusklasse aus. RESOLUTE, RELIANCE und die MILWAUKEE wurden zu reinen Kreuzfahrtschiffen modernisiert, die OCEANA fand nach wie vor ihre Passagiere, und bei Bedarf setzte man zusätzliche Linientonnage ein. Wo immer auf der Welt Kreuzfahrtschiffe ihre Flagge zeigten, waren auch die schwarz-weiß-roten Schornsteinringe der Hamburg-Amerika Linie vertreten, im Mittelmeer, in Westindien, in Norwegen — und auf Weltreisen in allen Teilen der Welt. Das größte deutsche Kreuzfahrtenschiff wäre übrigens die 41 000 BRT große VATERLAND gewesen, die 1940 für die Hapag vom Stapel lief, aber im Krieg zerstört wurde. Dieses Schiff war für die Doppelfunktion als Nordatlantik-Liner und als Kreuzfahrer konzipiert.

Zur schärfsten Konkurrenz für die Hapag entwickelte sich in den 30er Jahren der Norddeutsche Lloyd. Erstmals hatte auch diese Reederei einige ihrer Schiffe ausschließlich für Kreuzfahrten bestimmt, nämlich 1934 den 11 453 BRT großen Dampfer DER DEUTSCHE, 1935 die GENERAL VON STEUBEN, 14 690 BRT, und 1937 die 13 325 BRT große STUTTGART. Weit werbewirksamer für den Lloyd waren aber die Fahrten der 32 565 BRT großen COLUMBUS, die im Nordatlantik-Dienst immer weniger gebraucht wurde und dafür zunehmend Kreuzfahrten machte. Der Norddeutsche Lloyd fand für dieses Schiff stets genug Fahrgäste, denen der sprichwörtliche Lloyd-Service den Reisepreis wert war. Im Zusammenhang mit dem Lloyd muß auch das größte deutsche Schiff erwähnt werden, mit dem jemals Kreuzfahrten durchgeführt wurden: Der Schnelldampfer BREMEN, mit 51 737 BRT damals Flaggschiff der deutschen Handelsflotte, machte einige spektakuläre Kreuzfahrten.

Eine in aller Welt vielbewunderte Neuerung im Kreuzreisetourismus kreierten die Nationalsozialisten. Die sogenannte NS-Gemeinschaft „Kraft durch Freude" (KdF) führte seit 1934 mit gecharterten Schiffen Kreuzfahrten durch, für die 1935 die Lloyd-Dampfer DER DEUTSCHE und SIERRA CORDOBA sowie 1938 die STUTTGART angekauft wurden. Weit mehr Aufsehen als diese Ankäufe erregten aber die beiden Neubauten WILHELM GUSTLOFF (25 484 BRT, 1938 in Fahrt) und ROBERT LEY (27 288 BRT, 1939 in Fahrt), die größten bis dahin für Kreuzfahrten gebauten

„WILHELM GUSTLOFF"

„SIERRA CORDOBA"

„OCEANA"

„GENERAL VON STEUBEN"

Schiffe überhaupt. Mit ihren fünf Einheiten war die KdF-Flotte das größte Kreuzfahrtunternehmen der Welt. Obwohl diese Schiffe selbstverständlich im Dienst der NS-Ideologie standen, erfuhren auf ihnen zehntausende deutscher Arbeiter und Angestellter das unvergeßliche Erlebnis einer Schiffsreise, die sie sich normalerweise nie hätten leisten können.

Fast zehn Jahre dauerte es, ehe nach dem Zweiten Weltkrieg wieder ein Hochsee-Passagierschiff die deutsche Flagge aufzog. Die 1955 in BERLIN umbenannte GRIPSHOLM, 18 600 BRT, war das erste Schiff, das wieder auf Kreuzfahrt ging. Während aber die eigentliche Aufgabe des Lloyd-Schiffes der Nordatlantik-Dienst war, stellte die Hapag 1958 wieder ein reines Kreuzfahrtschiff in Dienst, die 7764 BRT große ARIADNE. Sie sollte das letzte der berühmten Hapag-Kreuzfahrtschiffe bleiben; nach knapp drei Jahren verkaufte die Hapag das Schiff.

1958 ging ein ganz neuer Stern in der deutschen Passagierschiffahrt auf. Die Hamburg-Atlantik Linie brachte ihre 30 030 BRT große HANSEATIC in Fahrt, die neben ihren Atlantikreisen auch Kreuzfahrten machte und in kurzer Zeit den Namen HANSEATIC zu einem Markenbegriff im Kreuzreisegeschäft werden ließ. Im folgenden Jahr stellte der Norddeutsche Lloyd sein neues Flaggschiff in Dienst, die BREMEN, 32 336 BRT. Auch sie in erster Linie für den Bremerhaven-New York-Dienst und erst in zweiter Linie für Kreuzreisen bestimmt. 1966 erhielt die Lloyd-Flotte mit der 21 514 BRT großen EUROPA noch einmal Zuwachs. Mit diesem Schiff wurde das spätere EUROPA-Image der Hapag-Lloyd AG begründet. Noch ein anderes Schiff machte neben seinen Linienfahrten gelegentlich eine Kreuzfahrt, die SEVEN SEAS der Bremer Europa-Canada Linie. Und auch im anderen Deutschland, der DDR, kamen unter der Regie des dortigen Gewerkschaftsbundes zwei Kreuzfahrtschiffe in Fahrt, 1960 die VÖLKERFREUNDSCHAFT, 12 442 BRT, und 1961 die 7363 BRT große FRITZ HECKERT. Beide Schiffe dienten ähnlichen Zwecken wie in den 30er Jahren die KdF-Schiffe. Ein Brand im Maschinenraum beendete 1966 die Karriere der HANSEATIC. Doch ihr findiger Reeder Axel Bitsch-Christensen wußte Rat. Er begeisterte ehemalige HANSEATIC-Fahrgäste, den Ankauf einer zweiten HANSEATIC zu finanzieren. Dieses 25 320 BRT große Schiff machte 1967 seine erste Kreuzfahrt unter deutscher Flagge und lief nebenher im Transatlantik-Dienst. 1969 bekam die Deutsche Atlantik-Linie ein zweites Schiff, sogar einen Neubau, den ersten großen Passagierschiffsneubau für eine deutsche Reederei nach dem Zweiten Weltkrieg. Mit der neuen HAMBURG, 25 022 BRT, fühlte sich die Deutsche Atlantik-Linie stark genug, die geplante Fahrplangemeinschaft mit dem Norddeutschen Lloyd im Nordatlantik-Dienst aufzukündigen und ihre Schiffe ausschließlich für Kreuzfahrten einzusetzen.

Eine andere deutsche Reederei hatte sich inzwischen recht erfolgreich im Kreuzfahrtgeschäft etabliert, die Lübeck-Linie. Ihre 5813 BRT große REGINA MARIS kam 1966 in Fahrt. Zwei Jahre später brachte die schwedische Wallenius-Gruppe die 10 328 BRT große BOHEME unter deutscher Flagge in Fahrt und setzte sie in der Karibik auf dem US-Kreuzfahrtenmarkt ein.

Anfang der 70er Jahre hatte die deutsche Kreuzfahrerflotte ihre größte Stärke nach dem Zweiten Weltkrieg erreicht. Sechs Schiffe mit zusammen 118 444 BRT liefen damals unter der Flagge der Bundesrepublik. Wenig später brachten vielschichtige Kosten- und Strukturprobleme dieses schöne Gebäude zum Einsturz. 1971 wurde die BREMEN verkauft, 1973 ging die HANSEATIC, und 1974 mußte auch die HAMBURG, nachdem sie noch für vier Monate den Namen HANSEATIC getragen hatte, die deutsche Flagge einholen. 1976 gab auch die Lübeck-Linie auf und verkaufte ihre REGINA MARIS. Der Mitte der 70er Jahre von der TT-Linie gestartete Versuch, mit den 12 500 BRT großen Fährschiffen PETER PAN und NILS HOLGERSSON während der Wintermonate Kreuzfahrten in südliche Länder zu arrangieren, war nicht von Erfolg gekrönt.

Ende der 70er Jahre sah es dann noch einmal so aus, als stehe eine Renaissance der Kreuzfahrt unter deutscher Flagge bevor. Aus Hamburg verlautete, daß die dem Hamburger Staat gehörende HADAG ein großes Kreuzfahrtschiff in Bau gegeben habe. Auch die Hapag-Lloyd AG hatte ein neues Schiff bestellt als Ersatz für die fast 30 Jahre alte EUROPA. Die Bremer Schiffahrtsgesellschaft hatte sich mit ihrer 9908 BRT großen CARIBE auf dem amerikanischen Markt etabliert. In Neustadt an der Ostsee begann die Reederei Deilmann mit der Erweiterung ihrer Küstenaktivitäten auf die internationale Kreuzfahrt, wofür ein 8000 BRT großes Schiff in Auftrag gegeben wurde. Ein weiteres Schiff, die ehemalige REGINA MARIS, hatte Deilmann 1979 angekauft und unter Singapur-Flagge in Fahrt gebracht.

Doch von all diesen hoffnungsvollen Ansätzen ist 1984 nur wenig geblieben. Die mit viel Vorschußlorbeeren bedachte ASTOR der HADAG — Eine Klasse für sich — steht inzwischen für eins der traurigsten Kapitel der deutschen Schiffahrtsgeschichte. Das 18 835 BRT große Schiff wurde nach nicht einmal zwei Dienstjahren 1983 verkauft. BOHEME und CARIBE laufen unter der Panama-Flagge. Die REGINA MARIS wurde von Deilmann 1983 wieder abgestoßen. Immerhin fährt der Deilmann-Neubau BERLIN, 7813 BRT, nach wie vor unter deutscher Flagge. 1985 wird das Schiff nach einem zweijährigen Ostasien-Intermezzo sogar wieder den deutschen Markt bedienen.

Die 33 819 BRT große neue EUROPA der Hapag-Lloyd AG übertraf selbst die kühnsten Erwartungen. Das Schiff erfreut sich seit seiner Jungfernreise 1982 einer Buchungsquote, von der die meisten internationalen Konkurrenten nur träumen können.

Hamburg-Amerikanische Packetfahrt-Actien-Gesellschaft.

Excursion

Abfahrt von **HAMBURG** den 15. Februar 1894.

nach dem

MITTELMEER und dem ORIENT

vermittelst des
Doppelschrauben-Schnelldampfers
„AUGUSTA VICTORIA",
Commandant H. BARENDS.

Die HAMBURGER DOPPELSCHRAUBEN-SCHNELLDAMPFER sind die grössten und schnellsten Schiffe unter der deutschen Flagge.

Nähere Auskunft ertheilt die

Hamburg-Amerikanische Packetfahrt-Actien-Gesellschaft
Abtheilung Passage
HAMBURG, Dovenfleth 18—21
oder deren Agenten.

FAHRPREISE
für die Fahrt des
Doppelschrauben-Schnelldampfers „AUGUSTA VICTORIA".

Abfahrt von **Hamburg** am **15. Februar**, Rückkehr nach **Hamburg** am **8. April**.

A. FÜR DIE GANZE RUNDREISE
in HAMBURG anfangend und in HAMBURG endigend.

Cabinen.		per Platz.	Cabinen.		per Platz.
1—13,	Promenadendeck	ℳ. 2300.—	106—109,	Hauptdeck	ℳ. 1800.—
14—20,	Oberdeck	» 2300.—	110, 111,	do.	» 2000.—
21,	Hauptdeck	» 2000.—	112—115,	do.	» 1800.—
22—30,	Luxus-Cab., Hptd.	» 2700.—	116, 117,	do.	» 2000.—
31—58,	Hauptdeck	» 2000.—	118, 119,	do.	» 1800.—
59—67,	Luxus-Cab., Hptd.	» 2700.—	120, 121,	do.	» 2000.—
68,	Hauptdeck	» 2000.—	122—124,	do.	» 1800.—
69—92,	do.	» 1800.—	125,	do.	» 2000.—
93—98,	Oberdeck	» 2300.—	126, 127,	do.	» 1800.—
99,	Hauptdeck	» 2000.—	Capitainscab., Promenadend.		» 2800.—
100—103,	do.	» 1800.—	Offiziers-Cabinen	do.	» 2300.—
104, 105,	do.	» 2000.—			

Für Antritt der Reise in Nizza (Villa Franca) ermässigen sich vorstehende Preise um ℳ. 100.—; ebenfalls werden ℳ. 100.— erlassen, falls für die Rückfahrt das Billet nur bis Neapel gelöst wird. Nachträgliche Vergütungen für nicht voll ausgenutzte Passagen werden nicht gewährt.

B. FÜR THEILSTRECKEN:

Nachstehend verzeichneten Preisen für Theilstrecken ist der Werth eines Platzes von ℳ. 1800.— zu Grunde gelegt. Reisende, welche höherwerthige Plätze belegen, haben auch entsprechend mehr zu zahlen.

	per Platz.		per Platz.
HAMB.—SOUTHAMPTON	ℳ. 60.—	MALTA—MESSINA	ℳ. 100.—
HAMBURG—NIZZA	» 300.—	MESSINA—PALERMO	» 100.—
NIZZA—ALEXANDRIA	» 600.—	PALERMO—NEAPEL	» 100.—
ALEXANDRIA—JAFFA	» 100.—	NEAPEL—ALGIER	» 200.—
JAFFA—ATHEN	» 300.—	ALGIER—HAMBURG	» 200.—
ATHEN—MALTA	» 300.—		

HAMBURG-AMERIKANISCHE PACKETFAHRT-ACTIEN-GESELLSCHAFT.

GROSSE EXCURSIONEN
nach dem MITTELMEER und dem ORIENT
vermittelst der Doppelschrauben-Schnelldampfer
„FÜRST BISMARCK" und „AUGUSTA VICTORIA",
der grössten und schnellsten Schiffe unter der deutschen Flagge.

Die Orientreisen, welche die HAMBURG-AMERIKANISCHE PACKETFAHRT-ACTIEN-GESELLSCHAFT in den letzten Jahren unter Verwendung ihrer grossen Doppelschrauben-Schnelldampfer ausgeführt hat, sind so sehr in Gunst gekommen, dass die Verwaltung sich entschlossen hat, in diesem Jahre zwei derartige Excursionen zu veranstalten und dafür ihre grössten und schnellsten Dampfer, den »FÜRST BISMARCK« und die »AUGUSTA VICTORIA« in den Dienst zu stellen.

Die EUROPA, ein Schiff der internationalen Spitzenklasse, und die BERLIN, ein für Marktnischen konzipierter Kreuzliner — das sind die Schiffe, die gegenwärtig die an glanzvollen Höhepunkten reichen einhundert Jahre deutscher Kreuzfahrtgeschichte repräsentieren.
Und die Zukunft? Wenn man einmal von Außenseiterkonzepten wie dem geplanten Kreuzfahrtsegler PINTA absieht, gibt es konkrete Pläne nur bei ausländischen Reedern. Ob künftig in Deutschland in einem größeren Umfang Kreuzfahrt betrieben werden kann, hängt entscheidend davon ab, ob die festen Kosten eines unter deutscher Flagge betriebenen Schiffes denen der ausländischen Konkurrenz angeglichen werden können. Das scheint für absehbare Zeit zweifelhaft. Trotzdem wird es weiterhin eine deutsche Seetouristik geben. Denn neben den im Kreuzfahrtgeschäft tätigen Reedereien gibt es ja noch die Fährlinien und die Küstenpassagierschiffe, die der Seetouristik genauso zuzurechnen sind wie die großen Reiseveranstalter, die für ihre eigenen Reiseprogramme ausländische Schiffe unter Vertrag nehmen.
Auf dem US-Markt tummelt sich die Creme der internationalen Kreuzfahrtschiffe. Aber nur ganz wenige davon fahren unter der Flagge der USA. Das reichste Land der Welt kann sich den Betrieb von Kreuzfahrtschiffen offenbar nicht mehr leisten. Dafür ist es immerhin in der Lage, andere für sich fahren zu lassen. Das reichste Land Europas scheint den gleichen Weg gehen zu wollen. Die Frage ist, wie lange es sich das leisten kann.

Urlaub auf der ganzen Linie

DFDS PRINZENLINIEN

Unsere Stärke: Ein Pauschalreiseprogramm für den London- und Englandurlaub mit dem eigenen PKW. Service und Know-how haben uns zum „England-Spezialisten" gemacht.

Hamburg – Harwich

DFDS (Deutschland) GmbH
Jessenstr. 4 · 2000 Hamburg 50
Tel.: 040/38 90 30 · Telex: 2 161 759

DFDS SEAWAYS

England, Norwegen und die Färöer Inseln erreichen Sie mit uns schnell und mit dem Service, der Seereisen so angenehm macht. Das ist Urlaub von Anfang an.

Kopenhagen – Oslo
Esbjerg – Harwich/Newcastle
Esbjerg – Färöer Inseln

 DFDS DEUTSCHLAND

Die Schiffe mit dem besonderen Komfort und der gediegenen Atmosphäre.

M/S PRINSESSE RAGNHILD
16.000 BRT · 900 PASSAGIERE · 600 AUTOPLÄTZE

M/S KRONPRINS HARALD
13.000 BRT · 900 PASSAGIERE · 400 AUTOPLÄTZE

- auf der einzigen ganzjährigen Direktverbindung Deutschland – Norwegen
- für erholsame und interessante Kurzreisen nach Oslo
- für Tagungen, Konferenzen und Incentives

JAHRELINE
KIEL · OSLO · KIEL
Immer eine Klasse besser

JAHRE LINE GmbH, Oslo-Kai, Postfach 2646, 2300 Kiel 1, Tel. 0431/9 12 81, Telex 292 721

Paul Lepach Vom Liner zum Kreuzfahrtschiff

Zur Zeit der Segelschiffe, dann der Dampfsegler und der ersten mit Kohle betriebenen Dampfer war es kein Vergnügen, die Meere zu befahren. Besatzung und mitfahrende Handelsleute, Krieger, Entdecker, Pilger und Auswanderer nahmen oft unsägliche Strapazen und Entbehrungen auf sich. Es ist schwer vorstellbar, daß sich damals jemand nur zum Vergnügen einer Seereise anschloß.

Dennoch hat die Chronik der deutschen Passagierschiffahrt bereits vor fast hundert Jahren — 1891 — mit dem Hapag-Dampfer Augusta Victoria eine kreuzfahrtähnliche Excursionsreise ins Mittelmeer und drei Jahre später eine Vergnügungsfahrt, so nannte man das damals, zum Nordkap aufzuweisen. Daß ein Schiff ausschließlich für einen solchen Zweck gebaut wurde, wie bereits 1900 bei Blohm & Voß in Hamburg die Lustyacht Prinzessin Victoria Luise, war eine Ausnahme. Die großen deutschen und englischen Atlantik-Liner wurden jedoch immer wieder einmal für Vergnügungsfahrten eingesetzt. 1909 ging die Cleveland der Hapag erstmals auf eine Weltreise. Immerhin müssen die Vergnügungsreisen bereits ein ganz einträglicher Geschäftszweig gewesen sein, denn 1910 ließ Albert Ballin den Hapag-Schnelldampfer Deutschland zum Kreuzfahrtschiff Victoria Luise umbauen.

Auch der Norddeutsche Lloyd hatte schon in den ersten Jahren unseres Jahrhunderts mit Schiffen wie dem Großen Kurfürst und der Schleswig Vergnügungsfahrten unternommen und setzte dies, nach einer durch die Kriegsfolgen bedingten Pause, ab 1924 — unter anderem mit der Columbus, der Dresden und der Stuttgart — fort. Die damaligen Schnelligkeitsrekord-Dampfer Bremen und Europa (es war die dritte) verdienten aber nach wie vor ihr Geld ganz überwiegend im Liniendienst.

Nach dem zweiten Weltkrieg kam die deutsche Passagierschiffahrt nur sehr langsam wieder in Gang, und die Reeder waren auch nach zehn Jahren noch auf second-hand-Schiffe angewiesen. Der Norddeutsche Lloyd kaufte 1955 die schwedische Gripsholm, und setzte sie als Berlin neben dem Atlantikverkehr gelegentlich für Kreuzfahrten ein, bis sie 1966 — aus Altersgründen — außer Dienst gestellt wurde.

Noch 1959 überquerten den Atlantik genau so viele Passagiere mit dem Schiff wie mit dem Flugzeug. Das große Sterben der Liniendienste begann erst 1969, als die neue Generation der Düsenflugzeuge die Nordatlantiküberquerung in fast genau so viel Stunden schaffte, wie die Schiffe Tage brauchten. Da wurde die Kreuzfahrt zum Rettungsanker für viele Ocean-Liner. Cruises, wie es im englischen Sprachgebrauch heißt, waren während der stürmischen Zeit auf dem Nordatlantik von Dezember bis März, von New York aus in die Karibik, bereits fester Bestandteil der Reederei-Fahrpläne, allerdings mit wenigen europäischen Gästen an Bord.

Vergnügungsfahrten ab europäischen Häfen bot als einer der ersten deutschen Reiseveranstalter die Touropa an. 1955 schickte sie die Mittelmeer-Liner Arosa Star und Pace, die während der Kreuzfahrt bereits als Schiff mit Einheitsklasse betrieben wurden, für jeweils eine Woche von Genua aus nach Spanien und Nordafrika — für DM 250,—in einer sechs- bis zehnbettigen Kabine. Bereis unter deutscher Flagge kreuzte 1957 die Nordland der Lübeck Linie mit Touropa-Gästen in Norwegens Fjorden.

Volkstümlich wurde die Schiffsreise als Urlaubserlebnis jedoch erst ab 1958. Damals charterte Dr. Carl Degener die knapp 3 000 BRT große Jedinstvo, das neueste Schiff der Jadrolinija, und veranstaltete damit turnusmäßig „Kreuzfahrten aus dem Baukasten". (Diese inzwischen weltweit verwendete Bezeichnung wurde damals von der Reisejournalistin Loni Skulima geprägt.)

Die jeweils einwöchigen Adria-Hellas-Reisen ab und bis Venedig im Sommer und die Nordafrika-Kreuzfahrten ab und bis Neapel im Winter konnten an verschiedenen Ferienorten, z. B. in Dubrovnik und Rhodos bzw. Tunis und Tripolis, für eine oder mehrere Wochen unterbrochen werden. Seinerzeit kostete eine zweiwöchige Urlaubsreise mit Schiff- und Landarrangement einschließlich Vollpension und Bahnfahrt im Liegewagen des Touropa-Fernexpress z. B. ab und bis Frankfurt ab DM 667,— (Preis von 1960 mit Unterbringung in einer Vierbett-Außenkabine). In den folgenden Jahren setzten immer mehr Veranstalter immer mehr Schiffe für Kreuzfahrten ein. Gleichzeitig wurde jedoch nach wie vor in den Liniendienst investiert.

1958 kaufte der Norddeutsche Lloyd die französische Pasteur, die unter dem Traditionsnamen Bremen bis 1969 im Liniendienst zwischen Bremen und New York verkehrte. Ihre letzte Kreuzfahrt für die Hapag-Lloyd AG, zu der sich die beiden großen deutschen Reedereien 1970 zusammengeschlossen hatten, unternahm die Bremen zur Jahreswende 1970/71, bevor sie als Regina Magna von Chandris übernommen wurde. Inzwischen hatte sich der Lloyd 1965 auch die 1952 gebaute schwedische Kungsholm zugelegt und 1966 als Europa (das vierte Schiff dieses Namens) in Dienst gestellt. Für sie brachte 1970 das endgültige Aus im regelmäßigen Nordatlantikverkehr, zugleich aber den Beginn einer der erfolgreichsten Kreuzfahrtkarrieren, die seit Januar 1982 von der auf der Bremer Vulkan gebauten fünften Europa fortgesetzt wird. Die „Grand Old Lady", wie die Europa IV von ihren vielen Stammgästen liebevoll genannt wurde, war ein Beweis dafür, daß auch ein älteres, ausschließlich für den Liniendienst gebautes Schiff erfolgreich im Kreuzfahrteinsatz gefahren werden kann.

Die Umwandlung vom Ocean-Liner mit zwei bis drei Klassen zum Kreuzfahrtschiff, bei dem alle Passagiere alle Einrichtungen benutzen können und die gleiche gastronomische Leistung geboten bekommen, bedingte meist grundlegende Umbauten und eine erhebliche Verminderung der Passagierkapazität. Ältere Einrichtungen, sowohl im Bereich der Nautik als auch des Hotelbetriebs, erforderten einen höheren, kostenaufwendigen Personalstand. Den gestiegenen Komfortansprüchen, auch in den unteren Preiskategorien, mußte ebenso Rechnung getragen werden wie den veränderten Vorstellungen über die Urlaubsgestaltung.

Hinzu kam, daß es sich bei den meisten Übersee-Linern um Turbinenschiffe handelte, die erst nach einer längeren Anlaufzeit ihre rationellste Maschinenleistung erreichen und daher bei kurzen Sprüngen von Hafen zu Hafen, wie es vor allem Kreuzfahrten im Mittelmeer, in den Fjorden und in der Karibik mit sich bringen, wesentlich mehr Öl verbrauchen und die Maschinen stärker beanspruchen als moderne Schiffe. Außerdem verlangten die erheblich strenger gewordenen Umweltschutzbestimmungen — besonders im Bereich der US-amerikanischen Hoheitsgewässer — zusätzliche Einrichtungen.

Erstaunlich ist, daß trotzdem noch einige recht altgediente Schiffe, wie z. B. die 1932 gebaute Britanis oder die 1939 gebaute Romanza, in der Karibik bzw. im östlichen Mittelmeer erfolgreich Kreuzfahrtenprogramme absolvieren. Eine ganze Reihe von Schiffen jedoch ist, nachdem sie sich eine Weile im Seetourismus versucht hatte, auf der Strecke geblieben. Dies gilt für die frühen Südamerika- und Mittelamerika-Liner der Linea C, aber auch für später in Dienst gestellte Schiffe wie die Michelangelo und die Leonardo da Vinci.

Da und dort mögen, neben der Konkurrenz neuer, maßgeschneiderter Kreuzfahrtschiffe, auch Managementmängel schuld am Scheitern gewesen sein. So war die bulgarische Staatsreederei offensichtlich den nautischen und gastronomischen Anforderungen beim Kreuzfahrteinsatz der Varna, der früheren Ocean Monarch (1957 gebaut), nicht gewachsen, obwohl die Touropa das Schiff 1968 mit zunächst gut gefragten Spezialprogrammen auf den Markt gebracht hatte.

Einigen wenigen bereits ausgemusterten Schiffen gelang in letzter Zeit ein come-back. Das aufsehenerregendste Beispiel ist zweifellos die zur Norway umgestaltete France, die schon allein wegen ihrer Größe von 72 000 BRT als ungeeignet für Kreuzfahrten eingestuft worden war, jetzt aber auf dem amerikanischen, weniger auf dem europäischen Markt ein voller Erfolg ist. Diese Verwandlungskunst soll auch der United States, dem schnellsten Passagierschiff aller Zeiten — noch rostet sie in Norfolk still vor sich hin — neuen Glanz bescheren. Bereits mit Erfolg reaktiviert wurden die beiden einzigen großen unter amerikanischer Flagge fahrenden Passagierschiffe Independence und Constitution. Nachdem sie früher als Zwillinge der American Export Lines Mittelmeerhäfen nach und ab New York bedient hatten, kreuzen sie jetzt Sommer wie Winter im Inselparadies Hawaii.

Mit regelmäßigen Karibiktörns hat sich auch die Galilei in das Kreuzfahrtzeitalter hineingerettet. Eine unerwartete Wiederkehr erlebt 1985, nunmehr bei Chandris, die Achille Lauro, einst als Willem Ruys stolzer Liner des Königlich Rotterdam'schen Lloyd.

Eine stattliche Reihe ehemaliger Ocean-Liner hat jedoch, oft mit mehrfachen Umbauten und Renovierungen, die Umstellung auf Kreuzfahrten nahezu lückenlos vollziehen können. Einige Namen sollen dies beispielhaft verdeutlichen. Die 1972 von Epirotiki Lines für Kreuzfahrten übernommene und modernisierte Atlas hatte als Rijndam der Holland-Amerika-Linie (HAL) von 1951 an den Atlantik befahren. In der Karibik und rund um die Welt kreuzt, nach wie vor renommiert, die 1959 gebaute und 1977 renovierte Rotterdam der gleichen Reederei. Auch die 1973 total umgebaute Stella Solaris des Baujahres 1953 ist international noch gut beschäftigt. Hier wären auch die erst zur Hanseatic (1970), dann zur Doric (1974) und nun zur Royal Odyssey (1982) verwandelte, 1964 gebaute Shalom zu nennen, die einst Haifa — New York bediente, oder auch die neueren Linea C-Liner, von denen die Enrico C jetzt turnusmäßig im westlichen und die Eugenio C im östlichen Mittelmeer kreuzen. Die Paquet-Schiffe Rhapsodie, die frühere Statendam der HAL, und die Mermoz, die zwischen Marseille und Westafrika verkehrte, haben sich, unter anderem mit guten Konzertreisen, ihren Platz im Kreuzfahrtgeschäft gesichert. Die schwedische Kungsholm II (1966 gebaut), fährt seit 1979 als Sea Princess für P & O Cruises, London. Auch die Sagafjord von Cunard/NAC, (Baujahr 1965), fuhr zunächst noch einige Zeit Linie, und zwar Oslo — Bergen — New York.

Nicht zu übersehen in der Konkurrenz auf dem europäischen Markt sind die russischen ehemaligen Liner der „Dichter-Klasse", von denen die Alexandr Pushkin, jetzt nach Fernost abgezogen, neben seetouristischen Reisen noch lange Linienfahrten im Nordatlantikverkehr durchgeführt hat. Im Angebot für deutsche Urlauber sind nach wie vor die Ivan Franko, die Taras Schevchenko, die Schota Rustaveli und, nach ihrem Umbau auf der Hapag-Lloyd-Werft in Bremerhaven in die gehobene Mittelklasse aufgestiegen, die Mikhail Lermontov. Noch eine Menge vom nostalgischen Flair der alten Ocean-Liner hat sich die 1955 auf den Namen Franconia getaufte jetzige Fedor Schaljapin bewahrt.

Einen erfolgreichen Versuch, im Kreufahrtentrend mitzuschwimmen, unternahm auch die jugoslawische Jadrolinija. 1965 setzte sie ihre beiden neuen, auch auf Frachtmitnahme eingerichteten Passagierschiffe Dalmacija und Istra zunächst auf einer festen, aber sightseeing-geeigneten Route im östlichen Mittelmeer ein, baute sie 1968 ganz für Kreuzfahrtzwecke um und renovierte sie 1981/82 noch einmal gründlich.

Nur zwei Schiffe verkehren heute noch sowohl im Transatlantikdienst als auch auf Kreuzfahrtrouten. Das eine ist die weltweit renommierte Queen Elizabeth 2, die jeder Insider nur Qu E 2 nennt. Vor allem ihre Weltreisen und ihre Atlantikkombinationen mit Concorde-Flügen sind zu einem festen Begriff im touristischen Schiffsreiseangebot geworden. Das andere, wenig bekannte Schiff ist die polnische Stefan Batory, die ehemalige Maasdam der HAL, die zeitweilig noch die Linie Danzig — Quebek — Montreal bedient und sonst Kreuzfahrten ab und bis Rotterdam unternimmt.

Ein Sonderfall ist die Astor. Für die gehobene Seetouristik gebaut wurde sie nach knapp zweijährigem Kreuzfahrteinsatz durch den Verkauf an die südafrikanische Safmarine zum Liner zwischen England und Südafrika. 1985/86 wird sie — auch ab Hamburg — wieder mehrere typische Kreuzfahrten unternehmen.

Ein neues Kapitel der Kreuzfahrten haben die Hochseefähren als zwangsläufige Folge der stürmischen Motorisierung begonnen. Das Hauptproblem der Fähren liegt in der Beschränkung der Nachfrage auf die kurze Zeit der Hauptsaison.

Bei den Möglichkeiten für eine Saisonverlängerung durch Kreuzfahrteinsätze bestehen erhebliche Unterschiede je nach Fahrtgebiet und Art der Fähre. Verhältnismäßig leicht hat es dabei z. B. ein Fährschiff wie die griechische Atalante, die Routen im östlichen Mittelmeer befährt, die sich ohnehin gut zu einem Kreuzfahrtprogramm ausbauen lassen. Von vornherein für die Doppelfunktion als Fährschiff auf Schwarzmeerlinien und für Kreuzfahrten wurden die russischen Schiffe der „Belorussiya"- und der „10 000-Tonner"-Klasse gebaut. Wie erfolgreich ein solcher Doppeleinsatz sein kann, demonstriert auch die Fred Olsen Lines, die eines ihrer Schiffe im Sommer als Venus ausschließlich für den Fährbetrieb im Norden und im Winter als Black Prince für Kreuzfahrten nach den Atlantischen Inseln einsetzt. Gleiches gilt für das neue Frühjahrs- und Herbstprogramm des Flaggschiffes Bolero derselben Reederei. Mit drei turnusmäßig befahrenen Sieben-Tage-Kreuzfahrtrouten im Nord-/Ostseebereich wird die kurze Zeit des reinen Fährbetriebs zu einer Beschäftigung des Schiffes von Anfang April bis Mitte Oktober erweitert. Die kostenlose Mitnahme des PKW, die Nutzung eines der Autodecks als maßgerechter Tennisplatz und zusätzlich als Badminton-Court sowie günstige Familienpreise geben einen besonderen Anreiz. Mehrstufige Umwandlungen vom reinen Fährschiff zum reinen Kreuzfahrtschiff gibt es auch. Aus der Travemünde-Helsinki-Fähre Finlandia wurde zunächst die auch zeitweilig für Kreuzfahrten eingesetzte Finstar und danach die in Fernost kreuzende Pearl of Scandinavia. Das 1971 gebaute Fährschiff Eagle wurde 1975 für einen Doppel-Einsatz von Paquet übernommen und geht seit dem nochmaligen Umbau ausschließlich auf Kreuzfahrtkurs, u.a. im Roten Meer.

Insgesamt zeigt sich bei einer Betrachtung der Passagierschiffahrt, daß der reine Liniendienst, bei dem der Transport von einem Ort zum anderen im Vordergrund stand, vom Flugzeug übernommen worden ist. Heute wird das Schiff sui generis von immer mehr Menschen als schwimmendes Hotel für Rundreisen geschätzt.

Die Entwicklung auf dem amerikanischen Markt, und zunehmend auch im europäischen Bereich, deutet jedoch an, daß es künftig mehr denn je auch linienmäßig betriebene Kreuzfahrten geben wird.

Wie im Tourismus überhaupt wird auch auf dem Schiffsreisen-Sektor der Trend zu noch differenzierteren und extremeren Urlaubsformen gehen. Neben dem „Phoenix"-Modell für ein Superschiff mit riesigen Hoteltürmen wird es Neubauten für intime kleine Kreuzfahrtschiffe geben; den luxuriösen Zwillingen Sea Goddess I und II werden auf Niedrigpreise abgestellte Schiffe gegenüberstehen, und die geruhsame, lange Schiffsreise mit vielen Seetagen wird sich behaupten neben Kurzreisen, bei denen an Bord wie an Land ein Höhepunkt den anderen jagt.

So wird auch die Kreuzfahrt den unterschiedlichsten Urlauberwünschen gerecht werden können und müssen.

KARL GEUTHER GMBH & CO
Generalagenten der größten Mittelmeerfährlinien

SNCM — Zielgebiete: Korsika, Algerien, Tunesien, Sardinien ☎ (069) 730471-3

TIRRENIA — Zielgebiete: Korsika, Sardinien, Sizilien, Malta, Tunesien ☎ (069) 73075-6

COMANAV — Zielgebiet: Marokko ☎ (069) 730471-3

COTUNAV — Zielgebiet: Tunesien ☎ (069) 730471-3

LIBRA MARITIME — Zielgebiete: Griechenland, Türkei ☎ (069) 730471-3

Elektronisches Buchungssystem für alle Linien

Mo – Fr. 9 bis 13 und 14 bis 17 Uhr
Heinrichstraße 9, 6000 Frankfurt/M.
Tx 414331

HELLAS
ORIENT REISEN

Ob es nach

Griechenland

mit Auto und Fähre

oder mit Flugzeug

und/oder Kreuzfahrtschiff

gehen soll,

und ob man

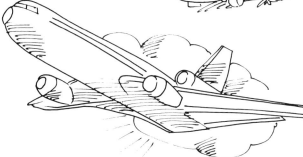

dort in

Hotelanlagen bleiben

oder herumreisen will:

HELLAS-
ORIENT-REISEN

ist das Spezialbüro für

Reisen nach Griechenland!

Generalagent:
KARAGEORGIS LINES
ROYAL CRUISE LINE

HELLAS
ORIENT REISEN

6000 Frankfurt am Main · Kaiserstraße 11
Postfach 31 67 · Telefon (069) 2 98 09-0 · Telex 412 615
8000 München 2 (Zweigstelle)
Sonnenstraße 27 (Passage) · Telefon (089) 55 50 53

Wir haben eines der größten Kreuzfahrt-Angebote auf dem deutschen Reisemarkt

- MS „Odessa"
- MS „Jason"
- MS „Estonia"
- MS „Astor"
- MS „Golden Odyssey"
- MS „Pearl of Scandinavia"
- MS „Moldavia" – „Ukraina"
- MS „Eugenio C."
- MS „La Palma"
- MS „Ausonia"
- MS „Atalante"
- MS „Atlas"
- MS „Stefan Batory"
- und die Rhein-Flotte

Transocean-Tours
Die SeeReisen-Spezialisten aus Bremen

2800 Bremen 1 · Bredenstraße 11 · Telefon 04 21 / 32 80 01

Arnulf Hader **Die Kreuzfahrtflotte in den achtziger Jahren**

Es bedurfte mehrerer paralleler Entwicklungen, um den heutigen Stand der Kreuzfahrtflotte und des Marktes zu erreichen, sieht man von den frühen Kreuzreisen englischer und deutscher Reedereien und den später vom Deutschen Reich veranstalteten KdF-Kreuzfahrten ab.

Den einen Anfang machten die meist traditionsreichen Linienreedereien, die ihr eigentliches Geschäft in den fünfziger Jahren wieder aufgebaut hatten, jedoch bald die Konkurrenz des Luftverkehrs spüren mußten. Auf dem Nordatlantik, der wichtigsten Passagierroute, sank die Fahrgastnachfrage vom Nachkriegshöhepunkt 1957 mit 1,03 Mio. auf 0,5 Mio. in 1967 und etwa 0,05 Mio. nochmals 10 Jahre später. Zwischen 1959 und 1968 gaben aber nur die Newcomer auf, die etablierten Reedereien verdünnten den Fahrplan und legten im Winter eine Pause ein.

Um die Schiffe auch im Winter zu nutzen, wurden für die Amerikaner, die sich in dieser Zeit gerne in südlichere Zonen begeben, Kreuzfahrten ab New York organisiert. Die nahezu totale Verlagerung der Abfahrten nach Florida erfolgte erst später mit dem Sinken der Schiffsgeschwindigkeiten und der Verbesserung der Flugverbindungen. Zu den frühen Anbietern zählten die Home Lines, die 1965 mit der Indienststellung der OCEANIC ganz auf Kreuzfahrten umstellten, und die Deutsche Atlantik-Linie mit der alten HANSEATIC.

In der zweiten Rückzugsphase gaben alle anderen den Liniendienst am Nordatlantik auf, bis nur noch die QUEEN ELIZABETH 2 und die STEFAN BATORY blieben. Einige schafften den Übergang relativ glatt wie die Holland-Amerika-Linie oder die Norwegische Amerika-Linie, andere, wie Cunard oder der Norddeutsche Lloyd mußten Federn lassen und die dritte Gruppe gab sofort oder nach verlustreichen Jahren auf wie Canadian Pacific, die Cie. Générale Transatlantique, die Schwedische Amerika-Linie oder die Italia. Auch die US-Reedereien legten alle Schiffe auf. Die meisten dieser Liner waren zwischen 20 000 und 40 000 BRT groß und trugen 1 000 bis 1 500 Passagiere. Bei Kreuzfahrten war die Belegung geringer und beim endgültigen Überwechsel wurden die Schiffe auf eine Einheitsklasse umgerüstet.

Den zweiten Anstoß zur modernen Kreuzfahrt gab 1955 die National Tourist Organization of Greece, als sie die kleine Fähre SEMIRAMIS charterte. Diese Kreuzreisen waren so erfolgreich, daß die Reederei Epirotiki selbst in das Geschäft einstieg und Typaldos Bros. dem Beispiel folgten.

Die zunächst ab Piräus oder Venedig in der Ägäis eingesetzten Schiffe waren kleiner als 10 000 BRT. Es handelte sich meist um billig angekaufte Passagierfähren, Kombischiffe oder kleine Liniendampfer, die in kurzer Zeit auf griechischen Werften umgebaut wurden. Die griechischen Reeder hatten dadurch geringe Kapitalkosten und sparten durch Voll- oder Blockcharter an US-Unternehmen auch einen aufwendigen Vertrieb. Als sie dann anstelle der Aufliegezeiten im Winter noch Beschäftigung in der Karibik fanden, hatten sie die beste Kostenstruktur aufzuweisen. 1973 verfügten 10 griechische Reeder über 20 Schiffe und planten gerade, 20 weitere umzubauen. Dann kam nicht nur der erste Ölpreisschock, sondern auch die Initiative der Norweger.

Gegen Ende der sechziger Jahre genügten immer mehr der kleinen Griechenschiffe nicht mehr den amerikanischen Sicherheits- und Hygienevorschriften und die alten Liner waren für den vermehrten Kreuzfahrteinsatz nur bedingt tauglich. Diese Lücke erkannten 10 norwegische Reeder, von denen neun neu in dieser Branche waren und brachten 1969 bis 1973 12 Neubauten für die Karibik in Fahrt. Alle waren um 20 000 BRT groß, mit Mehrmotorenanlagen gut 20 kn schnell, haben Bugstrahlruder und trugen bei mittlerem bis höchstem Komfort 530 bis 750 Fahrgäste.

Das Jahr 1973 brachte mit den höheren Bunkerpreisen und dem Dollarverfall eine schwere Krise, der alte turbinengetriebene Liner zum Opfer fielen und finanzschwache Reeder wie die Deutsche Atlantik-Linie oder die Greek Line. In den fol-

Tabelle 1:
Die Flotten der aktiven Kreuzfahrtschiffe 1984

Flagge	Anzahl	BRT	BRT-Anteil	BRT-Durchschn.	davon auch anderweitig beschäftigt Anz.	BRT
1 Norway	16	345 932	15,7	21 621	2	18 998
2 USSR	27	341 001	15,5	12 630	8	96 409
3 Panama	21	336 322	15,3	16 015	-	-
4 UK	9	264 407	12,0	29 379	1	67 140
5 Greece	26	177 869	8,1	6 841	1	5 259
6 Liberia	6	136 044	6,2	22 674	-	-
7 Bahamas	7	117 534	5,3	16 791	-	-
8 Netherlands/Neth. Antilles	4	108 092	4,9	27 023	-	-
9 Italy	4	78 882	3,6	19 720	-	-
10 Japan	6	69 697	3,2	11 616	-	-
11 FR of Germany	2	41 631	1,9	20 816	-	-
12 US	2	40 489	1,8	20 245	-	-
13 France	2	27 769	1,3	13 885	-	-
14 South Africa	1	18 834	0,9	18 834	1	18 834
15 India	1	17 226	0,8	17 226	1	17 226
16 Poland	1	15 044	0,7	15 044	1	15 044
17 Yugoslavia	3	13 859	0,6	4 620	-	-
18 GDR	1	11 970	0,5	11 970	-	-
19 Cyprus	1	11 609	0,5	11 609	-	-
20 PR of China	1	10 151	0,5	10 151	1	10 151
Others	3	15 212	0,7	5 071	-	-
Total 1984	144	2 199 574	100,0%	15 275	16	249 061
Total 1983	139	2 082 826		14 984	12	194 377
Total 1982	139	2 050 752		14 754	15	262 527
Total 1981	132	1 925 329		14 586	17	266 586
Total 1980	147	2 044 879		13 911	28	426 938
Total 1979	142	1 958 428		13 792	33	613 167
Total 1978	140	1 999 679		14 283	37	759 966
Total 1977	146	2 013 130		13 789	46	840 147
Total 1976	160	2 184 891		13 656	57	987 853

Quelle: Institut für Seeverkehrswirtschaft: Shipping Statistics, July 1984, S. 25-27

genden Jahren investierten fast ausschließlich die Russen in Neubauten. Als Folge des Dollarsturzes glichen sich die Tarife in den USA und Europa an und einige Schiffe wechselten nach Europa über, zum Teil mit Passagieren aus Amerika. In der Neuen Welt wurde die Westküste von Mexiko bis Alaska im jährlichen Wechsel für die Kreuzfahrt erschlossen.
1979 läutete die Hapag-Lloyd AG mit der Bestellung der neuen EUROPA eine neue Expansionsrunde ein, die seither zu mehreren Ablieferungen jährlich und zu fünf Verlängerungen norwegischer Schiffe führte. Die weltweite Wirtschaftsflaute brachte 1982/83 wieder einen Tiefpunkt in der Auslastung, aber 1984 führten gestiegene Ladefaktoren und ein starker Dollar wieder zu vermehrten Neubauaufträgen, die in der zweiten Hälfte des Jahrzehnts zu einem Ablieferungsboom und vielleicht zu neuen Überkapazitäten führen werden.

Die Welt-Kreuzfahrtflotte 1984 — Bestand und Trends
Die Flotte der weltweit einsetzbaren Kreuzfahrer[1]) hat 1984 mit 2,2 Mio. BRT einen neuen Höchststand an aktiver Tonnage erreicht. Dabei hat sich die Gesamttonnage in einem Jahrzehnt nur wenig verändert und die Zahl lag schon über den gegenwärtigen 144 Einheiten. Der Anteil der nur in der Kreuzfahrt eingesetzten Passagierschiffe ist jedoch ständig auf jetzt 1,95 Mio. BRT gestiegen und die Zahl von 128 ist ebenfalls ein Rekord. Zudem ist — ganz im Gegensatz zu den Anfangsjahren — jetzt die Mehrzahl aller reinen Kreuzfahrer rund um das Jahr im Einsatz, wobei die Ägäis-Fahrer die größte Ausnahme bilden.
Die Betrachtung der Weltflotte nach Größengruppen zeigt die größte Anzahl mit 37 Schiffen bei 5 000 bis 10 000 BRT. In diese Gruppe fallen die meisten Ägäis-Fahrer, die nur zeitweise

eingesetzten Fähren und die älteren russischen Schiffe. Die meiste Tonnage konzentriert sich mit 28% auf die 26 Schiffe zwischen 20 000 und 30 000 BRT. Die Verschiebungen zwischen den Größengruppen beruhen teilweise auf Neuvermessungen, d. h. in der Regel auf Herabsetzung der BRT beim Ausflaggen. Die Differenzen machen in der Weltflotte knapp 0,2 Mio. BRT aus.

Tabelle 2:
Entwicklung der Kreuzfahrtflotte nach Größenklassen 1980-1984

Größenklassen in 1 000 BRT	1980 Anz.	% BRT	1982 Anz.	% BRT	1984 Anz.	% BRT
unter 5	25	4,5	20	3,4	19	3,0
5 bis unter 10	35	12,5	33	11,6	37	12,7
10 bis unter 15	57	41,9	26	15,7	22	12,5
15 bis unter 20			24	20,5	29	22,9
20 bis unter 30	24	26,9	28	31,4	26	27,6
30 bis unter 40	2	3,3	4	6,6	7	11,2
40 bis unter 50	2	4,1	2	4,1	2	3,8
50 bis unter 60	—	0,0	—	0,0	—	0,0
60 bis unter 70	1	3,3	1	3,3	1	3,1
70 bis unter 80	1	3,4	1	3,4	1	3,2
Gesamt	147	100,0	139	100,0	144	100,0

Quelle für Tab. 2 und 3:
Hader, A.: Die Kreuzfahrtflotte 1984
      in: HANSA-Schiffahrt-Schiffbau-Hafen
      — 121. Jahrgang — 1984, Nr. 17

---

[1]) Erfaßt wurden Einheiten, die voll oder teilweise in der Kreuzfahrt beschäftigt werden, d. h. also auch Linienfahrer, die während eines Teils der Saison in der Kreuzfahrt beschäftigt sind. Nicht erfaßt wurden Kreuzfahrtangebote auf kombinierten Passagier-Stückgutfahrern in der Linienfahrt sowie auf ausschließlich im Fährbetrieb befindlichen Einheiten. Ferner wurden nicht erfaßt Einheiten unter 1 000 BRT oder bei Fahrgastkapazität von unter 100 sowie grundsätzlich in der Kreuzfahrt eingesetzte Segelschiffe, Yachten etc. Eingeschlossen sind die Spezial-Kreuzfahrtschiffe „Lindblad Explorer" (2 367 BRT/92 Betten) und „Lindblad Polaris" (2 214 BRT/79 Betten).

Der Blick auf die Baujahre bestätigt den erwarteten Rückgang bei den ältesten Baujahren. Doch schon bei den Schiffen der fünfziger Jahre werden vereinzelte Abgänge durch Zugänge von Umbauten wieder teilweise ersetzt. 1971/75 schlägt der erste Neubauboom durch und nach 1975 werden die Folgen des Jahres 1973 klar ersichtlich. Die Neubauten der achtziger Jahre zeichnen sich durch deutliche Größensteigerung aus.

Tabelle 3:
Entwicklung der Kreuzfahrtflotte nach Baujahren 1980-1984

Baujahr	1980 Anzahl	BRT-Durchschnitt	1982 Anzahl	BRT-Durchschnitt	1984 Anzahl	BRT-Durchschnitt
vor 1946	9	11 499	6	10 520	5	12 104
1946-1950	9	10 736	6	12 507	4	13 190
1951-1955	23	11 905	19	13 276	19	13 023
1956-1960	28	12 807	22	14 615	24	13 679
1961-1965	25	16 285	28	14 201	26	14 025
1966-1970	23	16 369	19	17 533	20	17 547
1971-1975	24	14 955	25	15 161	28	14 918
1976-1980	6	11 638	7	10 912	6	12 686
1981-1984	—	—	7	21 809	12	22 761
Gesamt	147	13 911	139	14 754	144	15 275

In der Flaggenstatistik konnte Norwegen den seiner jungen Flotte gebührenden Platz an der Spitze halten, wird jedoch hart bedrängt von der Sowjetunion, die immer mehr alte Liner und kleinere Neubauten auf die westlichen Märkte schickt. Nach dem Panama-Register folgen dann Großbritannien, dessen Zuwachs auf den Bahamas registriert wird, und Griechenland, das mangels Neubauten tatsächlich verliert. Da unter 26 Schiffen keines jünger als 10 Jahre ist und nur zwei als Kreuzfahrer gebaut worden waren, dürfte der Erhalt der Flotte weiterhin schwerfallen. Die größten Verluste mußte die italienische Flagge durch Auflösung der Staatsflotte und den Austausch von eigenen gegen gecharterte Schiffe bei Costa hinnehmen.

Für die Zukunft der Weltflotte lassen sich einige Trends absehen. Die zwanzigjährige Phase des Übergangs ehemaliger Liner in die Kreuzfahrt nähert sich rapide ihrem Ende. Wenn die UNITED STATES, MONTEREY, SANTA ROSA, MARCONI, ACHILLE LAURO und NAVARINO —wie geplant — wieder in Fahrt sein werden, gibt es keine nennenswerten, verwendungsfähigen Altschiffe mehr. Da in den letzten Jahren bei der Sparsamkeit der Motoren erhebliche Fortschritte erzielt wurden, lohnt es auch kaum mehr, andere Schiffstypen mit gesundem Rumpf und guter Maschine umzubauen, wie es einst die Griechen taten. Im Aussterben sind auch die reinen Passagierfähren, so daß als Second hand-Reservoir nur Autofähren bleiben. Die meist geringe Größe ihrer Kabinen (kein Kleiderschrank) entspricht jedoch nicht der Tendenz zu immer mehr Raum pro Passagier.

Hatte bisher ein Zugang nicht unbedingt eine Verjüngung der Flotte bedeutet, so ist dies künftig doch zu erwarten. Falls Fähren umgerüstet werden, kommen zunächst vor allem die aus den siebziger Jahren in Frage, die kaum 10 000 oder 15 000 BRT überschreiten. Neubauten von Kreuzfahrern werden dagegen immer größer:

Um 1970 galten 20 000 BRT als ideal,
um 1980 wurden 30 000-Tonner gebaut,
1984 werden 40 000-Tonner abgeliefert
und 50 000-Tonner geplant.

Diesem unerwartet schnellen Größenwachstum liegen ein großes Vertrauen in den US-Markt und Economies of scale zugrunde. Direkt proportional zur wachsenden Passagierzahl steigen nämlich nur die Zahlen der Kabinen und Stewards; die Kosten für Bunkeröl, Brücken-, Decks- und Maschinenpersonal, für Häfen und die Kapitalkosten nehmen deutlich weniger zu. Da die NORWAY und die QUEEN ELIZABETH 2 wieder einer rentabel einsetzbaren Größenordnung angehören, ist es wahrscheinlich, daß auch einmal wieder solche Ozeanriesen gebaut werden und sogar das Wettrennen um das größte Passagierschiff, das der II. Weltkrieg unterbrach, könnte wieder aufgenommen werden, auf einer besseren ökonomischen Grundlage denn je.

Neue Superschiffe werden sich grundlegend von den alten QUEENS oder der NORMANDIE unterscheiden. Letztere sollten ein schnelles Transportmittel sein und auf dem Atlantik auch bei hartem Winterwetter sicher ihren Fahrplan einhalten. Für künftige Urlauberschiffe gibt das Projekt PHOENIX der Brüder Kloster eine mögliche Vorstellung: da als Einsatzgebiet vorerst nur Bahamas und Karibik in Frage kommen, genügt eine geringe Geschwindigkeit und die Formgebung darf den Fahrgästen das Gefühl verleihen, auf einer Sonneninsel mit viel Unterhaltungsmöglichkeiten zu verweilen. Das Oberdeck soll dementsprechend die extreme Breite von 75 m aufweisen und im flachgehenden, achtern catamaranförmig ausgebildeten Rumpf können Landungsboote mitgenommen werden. Vier Hoteltürme auf dem Deck haben Außenkabinen mit Balkon, unten ist Platz für viele Gesellschaftsräume, Geschäfte und andere Einrichtungen.

Andere interessante Vorschläge macht die Wärtsilä-Werft. Ihre schwimmenden Urlauberinseln sind nicht so riesig, bieten aber ebenfalls helle Kabinen, weite Decksflächen und geringen Tiefgang.

Mit dieser Entwicklung zum maritimen Massentourismus verliert die Kreuzfahrt von ihrer einstigen Exklusivität. Dies ist wohl der Mehrzahl der Reeder recht, nicht jedoch den Passagieren, die am liebsten die Atmosphäre einer eigenen Yacht genießen würden, dies aber aus verschiedenen Gründen nicht können. Für diese Nachfrager entstanden zum Beispiel 1984/85 die beiden Schwestern SEA GODDES I und II, die bei 4 253 BRT nur 120 Fahrgäste in höchstem Komfort aufnehmen. Diese Schiffe sehen nicht nur Yachten ähnlich, sie können dank ihrer Ausmaße auch einige Yachthäfen besuchen und damit besondere Zielhäfen bieten.

Andere Fahrgäste sind gerne bereit, einen höheren Tarif zu bezahlen, wenn sie weitab von den touristischen Magneten außergewöhnliche Ziele besuchen können. Dafür sind die WORLD DISCOVERER, WORLD EXPLORER (ex LINDBLAD EXPLORER) und LINDBLAD POLARIS geeignet, die ihre geringe Kapazität auch bei Reisen in die Antarktis, auf dem Amazonas oder nach Afrika füllen können. In die Kategorie der kleinen aber feinen Schiffe fallen außerdem die griechischen ILLIRIA, STELLA MARIS II und ARGONAUT, die in Europa auf ausgefallenen Kursen kreuzen. Die ARGONAUT, eine 4 007 BRT große ehemalige Privatyacht, ist mit dem Baujahr 1929 das älteste aller Kreuzfahrtschiffe.

Die Entwicklung zu den großen Schiffen mit vielen Passagieren wird den Gegenzug zum kleinen Schiff mit Yacht-oder Expeditionscharakter fördern, wie weiter unten am Beispiel der amerikanischen Küstenkreuzfahrer gezeigt wird.

Ein Problem der Weltschiffahrt wird auch die Seetourismusbranche nicht lösen können: die zeitweise das Geschäft stark beeinträchtigenden Überkapazitäten. Es kann von den Reedern selbstverständlich nicht erwartet werden, daß sie Wirtschaftskrisen und Dollarstürze vorhersehen. Doch das Wachstum der Flotte bestimmen sie selbst und ordern Neubauten am liebsten dann, wenn die Werftpreise sinken und die Einnahmen gerade gut sind. Da dies 1984 dank des teuren US-Dollars zutrifft, ist die Gefahr groß, daß in diesen Monaten die nächste Krise vorbereitet wird.

Die Werften tun das Ihre dazu, die Reeder zu Bestellungen zu verlocken. Die noch konkurrenzlosen Europäer unterbieten sich gegenseitig durch Subventionen oder gute Finanzierungsbedingungen, was den ideenreichen, leistungsfähigen Werften wie Wärtsilä, Aalborg oder Jos. L. Meyer das Hereinholen von Aufträgen nicht leicht macht. Der Vorschlag von Blohm + Voss, Rumpf und Hoteltrakt parallel zu bauen und dann aufeinander zu setzen, soll Geld und Bauzeit sparen. In Japan ist erst in den letzten Jahren das Kreuzfahrtgeschäft mit mehreren Umbauten in Gang gekommen. Die Werften konnten im Ausland noch nicht Fuß fassen. Wenn aber bald das erste größere Kreuzfahrtschiff für die japanische Flagge geordert wird, dann sicher nicht im Ausland. Dann fehlt nur noch der erste Auftrag für Südkorea...

Schiffe an Küsten, auf Flüssen und unter Segeln

Im Schatten der großen Flotte hat sich in den letzten Jahren eine Flotte kleiner Einheiten entwickelt, auf denen meist eine gemütlich-legere Atmosphäre gepflegt wird. Sie sind wegen ihrer Größe von ca. 500 bis 1 600 BRT nur in geschützten Gewässern einsetzbar und für lange Routen untauglich, was sie von den größeren, in der Statistik aufgenommenen Einheiten unterscheidet. Sie genießen meist den Vorteil, unter der Flagge des Heimatlandes in heimischen Gewässern vor ausländischer Konkurrenz geschützt zu sein.

14 von 20 in diese Gruppe fallende Motorschiffe kreuzen im Schutze der Jones Act an den Küsten Amerikas, im Sommer in Alaska, Kanada, den Großen Seen, Neu-England und auf den Flüssen Washingtons, im Winter vor Mexiko, vor Kali-

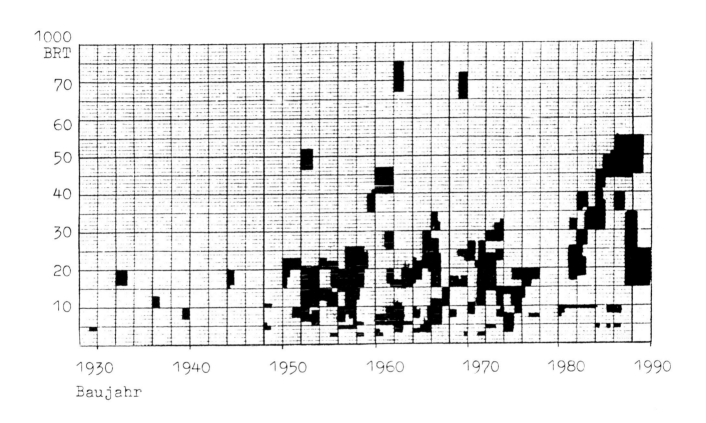

Die Graphik zeigt jedes Schiff der Welt-Kreuzfahrtflotte 1984 entsprechend seiner Größe, Größengruppe und Alter eingetragen. So wird deutlich, daß nur wenig Tonnage aus den Jahren vor 1950 stammt, für 1985 bis 1990 aber schon sehr viel bestellt und geplant ist.

fornien oder auf Kaliforniens Flüssen, vor Panama, Florida und bis nach den Virgin Islands oder Französisch Polynesien. Das erste Schiff kam 1971 für Explorer Cruise Lines in Fahrt, das zweite 1975 für American Cruise Lines; bis 1985 folgten 12 weitere zwischen 49 und 130 Betten, alle von Werften der USA. Ihre angegebene Vermessung von 97 bis 200 BRT entspricht wohl 500 bis 1 000 BRT. Als Maximum können die Passagiere Zweibettkabinen mit Dusche und WC, ein Restaurant, manchmal eine Lounge und eine Bar erwarten. Letztere ist aber gerade auf den „US-Kreuzern" nicht selbstverständlich; man muß und darf dann seine Flasche selbst mit an Bord bringen. Die Nacht verbringen Passagiere und Schiffe oft im Hafen, tagsüber können mit Hilfe von Zodiacs auch unbefestigte Ufer betreten werden.

Die beiden größten Schiffe, SANTA CRUZ (1 603 BRT/90 Pass./1979) und BUCANERO (1 574 BRT/90 Pass./1950, Umbau 1976) kreuzen zwischen den Galagos-Inseln, andere zwischen den Fiji-Inseln und in der Auckland Bay. Nur 47 Fahrgäste nimmt die NORDBRISE der Reederei Deilmann mit. Dieses 491-BRT-Schiff des Jahres 1959 wurde 1976 erworben und für Kreuzreisen unter Küsten Grönlands und Islands umgebaut.

Die Fahrgäste der vorgenannten Schiffe unterscheidet vieles von denen auf Segelschiffen, vieles auch die Schiffe selbst. Wollen die ersteren per fahrendem Hotel die Schönheiten der Küsten ihres Landes oder einen Hauch von Abenteuer in Reichweite des Hotels erleben, so sind die Passagiere der Segler mehr Freunde des Sonnenscheins und der traditionellen Seefahrt auf einfacheren Schiffen. Sie bewegen sich vor allem in den Schönwettergebieten der Karibik und im Sommer auch in Europa, jedoch immer der schönsten Jahreszeit folgend.

Allen Segelschiffen gemeinsam ist ein den nostalgischen Vorstellungen entgegenkommendes hohes Alter. Amerikanische Segler unter billigen Karibik Flaggen sind bis in die Takelage modernisiert, was die Bedienung erleichtert, aber auch den Anblick beeinträchtigt. Die deutschen Schoner GODEWIND und THOR HEYERDAL zeigen ein echteres Äußeres und tragen bei etwa 200 BRT und einer neuen behaglichen Inneneinrichtung 24 bis 28 Fahrgäste.

Ganz aus dem Rahmen fällt die SEA CLOUD, die 1931 als 2 323 BRT große Segelyacht mit Motorantrieb gebaut wurde und auch nach dem Umbau 1979 die alten Luxusgemächer neben den neuen Kabinen behielt. Diese einmalige Kombination von längst vergangenem Luxus der Multimillionäre der dreißiger Jahre mit einem eleganten Großsegler, von modernem Reisekomfort mit musealer Motoryacht, erlaubt die Forderung höchster Tagessätze.

Die Rettung der SEA CLOUD OF GRAND CAYMAN, wie sie heute heißt, durch deutsche Reeder vor dem Verrotten muß als einmaliger Glücksfall angesehen werden. Da das Interesse an der Segelkreuzfahrt ständig steigt, alte größere Schiffe aber kaum mehr zu finden sind, gibt es jetzt wieder Neubauprojekte, die durch die Diskussion um die Umweltverschmutzung und Energieeinsparung gefördert werden.

Die Kreuzfahrt ist ein geeignetes Experimentierfeld für neue Segelschiffe und -techniken. Das Werftangebot reicht heute von konventionellen Rahseglern bis zu futuristisch wirkenden, computergesteuerten Windenergieschiffen, die nur noch entfernt an einen Schoner erinnern. Fest vergeben ist der Auftrag für die Bark OCEAN STAR an die Kunya-Werft; sie soll 60 Passagiere oder Anteilszeichner unter deutscher Flagge tragen. Einen anderen Rahsegler bieten die Astilleros de Celaya an, die über Erfahrungen mit Segelschulschiffen verfügen.

Außergewöhnlich wie die SEA CLOUD wird die PINTA sein, ein Projekt von Kapitän Hartmut Schwarz, das die traditionsreichen Reedereien F. Laeisz und Sloman-Neptun bei der Werft Bremer Vulkan verwirklichen lassen. Das an ein Viermast-Vollschiff erinnernde Fahrzeug wird 80 Fahrgäste bei höchstem Luxus in geräumigen Kabinen aufnehmen und dank mechanisierter Takelage mit Segeln, die zwischen zwei gekrümmten Rahen geschlossene Flächen bilden, Geschwindigkeiten erzielen, die den alten Seglern unbekannt waren und von vielen Motorschiffen nicht mehr erreicht werden.

Andere Schiffbauer lösen das Problem der mechanischen Bedienung und Computersteuerung durch einfache dreieckige oder vom Schoner abgeleitete Segelformen. Dazu gehören Entwürfe von drei Werften:

Wärtsilä bietet einen Viermaster für etwa 130 Fahrgäste an, Celaya einen Dreimaster mit dem Rumpf nach Art einer schnittigen Motoryacht und Bermudabesegelung und zuletzt brachte sich die Kieler Lindenau-Werft mit einem modernen Dreimast-Gaffelschoner, dem ein größerer Entwurf folgen soll, ins Gespräch.

Wenn auch zunächst der Erfolg der ersten neuen Segelschiffe abgewartet werden muß, so ist kaum zu bezweifeln, daß diesem Teil der Kreuzfahrtflotte noch interessante Entwicklungen bevorstehen.

Die Kreuzfahrt auf Flüssen ist flottenmäßig klar zu trennen, da diese Schiffe immer nur geringen Tiefgang und geringe Höhe haben und damit nicht seetüchtig sind; im Markt berühren sie dennoch die übrige Kreuzfahrt, da Flußreisen in den Katalogen der Seereisenveranstalter mit angeboten werden. Lange bekannt und beliebt sind die Kreuzfahrten auf dem Rhein durch die Köln-Düsseldorfer, durch holländische und Schweizer Reedereien und neuerdings auch ein französisches Schiff.

Auf der Donau bieten die Sowjets inzwischen sechs Schiffe an, zu denen 1983 zwei bulgarische Neubauten kamen. Österreich und Deutschland bieten je ein Schiff. Die größeren europäischen Flußschiffe haben auf zwei Decks um 200 Betten. 1985 bringt eine holländische Reederei erstmals ein Schiff auf der Rhone zwischen Avignon und Lyon in Fahrt.

Auf dem Mississippi halten die beiden Heckradschiffe der Delta Queen Steamboat Co. die Tradition der alten Flußdampfer wach und auf dem Nil soll sich eine zweistellige Zahl von Fahrgastschiffen zwischen den historischen Plätzen tummeln. Die größte Flußflotte dürfte auf dem Fluß- und Kanalsystem Rußlands westlich des Ural schwimmen. 1983 waren im Westen 130 Abfahrten auf Wolga, Don und Dnjepr angeboten, zum Teil mit Fortsetzungsmöglichkeit im Schwarzen Meer.

Selbst in China, das sich erst seit wenigen Jahren den Fremden öffnet, können über Lindblad Travel Reisen auf dem Yangtse unternommen werden.

Die Zukunft sieht bei allen Arten von Fluß- und Minikreuzfahrern recht gut aus. So lassen sie Sowjets weiterhin in der DDR und in Österreich Neubauten für ihre Binnengewässer erstellen. Sie können auch in diesem Bereich allemal billiger als die Mitteleuropäer anbieten. Auf der Donau übersteigt die Nachfrage das Angebot, so daß die deutsche DONAUPRINZESSIN bereits in ihrer ersten Saison 1984 sehr gut belegt war und der Reeder Deilmann an ein Schwesterschiff denkt. Für den noch vernachlässigten US-Markt will die neue Deutsche Donaukreuzschiffahrtgesellschaft bis zu sechs Katamarane für 280 Personen in einer bisher unbekannten Luxusklasse bauen lassen. Die ersten Fahrten mit Kabinenschiffen auf der Rhone oder dem Main sind sicher nicht die letzten in neuen Gewässern.

Segler und Minicruiser unter 1 600 BRT sind erst in den letzten fünf bis zehn Jahren verstärkt in Dienst gekommen. Es spricht nichts dagegen, daß die Zahl weiter zunimmt, da Segelantrieb oder Fahrten mit mehr individuellem oder Expeditionscharakter gut in unsere Zeit passen, da diese erst seit relativ kurzer Zeit für breitere Schichten zugänglichen Reiseformen noch nicht so allgemein bekannt sind und da auch noch neue Routen erschlossen werden können.

Flaggen, Regionen und die Vielfalt der Einsatzmöglichkeiten
Die norwegischen Reeder konnten seit über einem Jahrzehnt ihre Spitzenstellung bei Reisen ab Florida halten und wollen dies auch weiter tun. Die guten Ergebnisse 1983/84 ermöglichten den Klosters zu ihren Norwegian Caribbean Lines die mehr weltweit operierende Luxusflotte der Royal Viking Line zu kaufen. Daneben wird das eine Milliarde DM teure Projekt PHOENIX weiter verfolgt. Royal Caribbean Cruise Lines, die 1982 mit der SONG OF AMERICA ihr viertes Schiff in der Karibik in Fahrt brachten, wollen zwei Neubauten für 1 500 bis 2 000 Fahrgäste ordern und dann mit einem Neubau an die Westküste, mit einem kleineren Schiff nach Europa gehen. Die Karibik einschließlich Bahamas bleibt dennoch auf längere Sicht die wichtigste Region, da nirgendwo anders auf der Welt die Kombination von ganzjährig schönem Wetter und die Nähe des größten Marktes gegeben sind.

Während die meisten Schiffe ganzjährig vor der Südküste der USA bleiben, fahren einige im Sommer Richtung Neu-England, Kanada oder in den St.-Lorenz-Strom. An der Westküste dagegen macht im Sommer der Großteil der Flotte Reisen ab Seattle oder Vancouver in die herrliche Natur Alaskas; im Winter fahren dieselben Schiffe ab Los Angeles oder San Francisco nach Mexiko oder durch den Panamakanal.

Für die britische Flotte ist die US-Westküste mindestens so wichtig wie England selbst und wichtiger als Australien. Es ist der Einsatzschwerpunkt der P & O Princess Cruises und auch Cunard-NAC ist präsent. 1984 hat sich die Holland-Amerika-Linie samt ihrer Zentrale und allen drei Schiffen auf den Westen konzentriert und Royal Viking Line und Sitmar sind ebenfalls gut vertreten. Seit den siebziger Jahren sind hier steile Wachstumsraten zu verzeichnen, wobei die über der Karibik liegenden Tagessätze den Reedern auch die Bestellung von Neubauten erlaubten. Keine andere Region verzeichnet so viele neue Schiffe und Gesellschaften. Selbst die von Scandinavian World Cruises (DFDS-Gruppe) zwischen New York und Bahamas gescheiterte Kreuzfahrt in eine Richtung bei Mitnahme des Wagens für die Rückfahrt scheint hier Erfolg zu haben. Zumindest haben Sundance Cruises die SCANDINAVIA erworben, um mit ihr als STARDANCER 1985 die auf Kurs Alaska verunglückte SUNDANCER zu ersetzen.

Im Dezember 1984 brachten Princess Cruises ihr neues Spitzenschiff ROYAL PRINCESS in Fahrt, das mit durchschnittlichen Tagessätzen von 270 £ pro Tag 20% über dem Reedereischnitt liegt, die wiederum 30% mehr als die Konkurrenz ansetzt. Die ROYAL PRINCESS hat nur Außenkabinen für 1 200 Fahrgäste. Gleich P & O hat auch Cunard seinen Anteil am Luxusmarkt erhöht, indem 1983 die Reederei Norwegian American Cruises mit der SAGAFJORD und VISTAFJORD komplett übernommen wurde.

Im Gegensatz zu der Kreuzfahrt im traditionellen Sinne, während der man bei vielen Hafenaufenthalten fremde Länder kennenlernen will, erweisen sich in den USA auch die Tagesfahrten oder „cruises to nowhere" bis zu drei oder vier Tagen als Geschäft. Solche Seeausflüge machen Scandinavian World Cruises und Chandris und Superschiffe wie NORWAY oder PHOENIX fördern diesen Trend, da an Bord so viel Abwechslung geboten wird, daß ein Seetag auch ohne Landausflug nicht langweilig wird. Dem amerikanischen Publikum sind nicht nur großartige Landschaften und Kulturdenkmäler eine Seereise wert, sondern auch Sonne und Einkaufsparadiese.

So groß der amerikanische Markt ist, so klein ist die Flotte unter der Flagge der USA, da unter der Jones Act nur solche Schiffe zwischen den Häfen der USA fahren dürfen, die US-amerikanische Bauwerft, Flagge und Besatzung haben. Bevor ab 1980 die Tung-Gruppe die alten Liner INDEPENDENCE und CONSTITUTION für American Hawaii Cruises zwischen den Hawaii-Inseln, wo es keine fremden Wettbewerber gibt, in Fahrt setzte, fuhr kein größeres Passagierschiff unter dem Sternenbanner.

Es fehlte nie an Plänen, den Ausländern ein Stück des eigenen Kuchens wegzuschnappen, doch meist scheiterte es. Erfolgreich sind bisher nur amerikanische Unternehmen unter Panama- oder Liberia-Flagge, besonders Carnival Cruise Lines, die seit den siebziger Jahren die Flotte auf vier Einheiten brachten und bis 1987 noch drei Neubauten erwarten, und die Gotaas Larsen-Gruppe.

Von den 1983/84 bekannt gewordenen Projekten hat der Umbau der UNITED STATES die meisten Chancen; MONTEREY und SANTA ROSA sollen für andere Reeder folgen. Neubauten könnten dadurch finanzierbar werden, daß man nur den Rumpf in den USA baut, Maschinen und Inneneinrichtung aber in Europa einbauen läßt, wie das die Signet Group für zwei Kreuzfahrer mit Autodeck plant. Am Servicepersonal und der Geschwindigkeit zu sparen, dürfte nicht der richtige Weg sein, am Markt Erfolge zu erzielen. Jedoch ist ein überzeugenderer Weg, wie die Kostenprobleme zu lösen sind, nicht in Sicht.

Die niedrigsten Kosten von allen Anbietern sind es, die der UdSSR das Durchdringen des europäischen Marktes soweit erlaubt haben, daß nur noch griechische Schiffe in ähnlicher Zahl, aber einem Bruchteil der Tonnage anzutreffen sind. Vom deutschen Markt, dem zweitgrößten der Welt, ziehen russische Schiffe inzwischen 80 000 Fahrgäste pro Jahr auf sich. Von den rund 80 sowjetischen Passagierschiffen ist inzwischen ein Drittel für westliche Touristen eingesetzt, nicht nur „einige", wie Vladislav Petukhof, Präsident von Morpasflot, betont. „Einige" machen vielleicht Kreuzfahrten für Bürger der Ostblockländer. Im Augenblick ist der Ausbau der Sowjetflotte — zuletzt kamen vier 10 000 BRT große Fähren aus Polen dazu — abgeschlossen, doch gehen Gerüchte von fünf Neubauten für 750 Passagiere aus Polen ab 1987. Die UdSSR wird sich sicher bemühen, das vielseitige Transportpotential nicht kleiner werden zu lassen.

Die Griechen sind gerade dabei, wie schon vor vielen Jahren, alte Liner zu aktivieren; diesmal werden es jedoch die letzten sein. Für das Einsatzgebiet Ägäis lassen sich wohl auch Fähren umgestalten, doch für den US-Markt, auf dem Chandris Cruises jetzt überwiegend operiert, genügt das nicht. Die einzigen Neubaupläne hegen die Royal Cruise Lines für ein oder zwei Schiffe mit 500 Kabinen für weltweite Fahrt. Um das Problem der Flottenerneuerung zu lösen, wurden bereits Kontakte mit der UdSSR geknüpft, die Neubauten gegen griechische Agrarprodukte liefern soll. Diese große Zahl der Griechen auf dem Weltmarkt, besonders in der Karibik, wird so schnell nicht wiederkehren, und auch in der Ägäis machen die alten Schiffe und hohen Heuerkosten Schwierigkeiten, denen hohe Investitionen entgegenstehen.

In Italien blieb von großen alten Namen nur wenig übrig: ACHILLE LAURO, letztes Schiff der zusammengebrochenen Lauro-Gruppe, wird 1985 verchartert, SIOSA tritt noch als Charterer der AUSONIA der Adriatica auf. Alleine die Linea „C" (Costa Armatori) ersetzt ältere Abgänge. 1985 wird durch den Ankauf der längst gecharterten DANAE und DAPHNE und der COSTA RIVIERA ex MARCONI nach einer Modernisierung für 30 Mio. US-Dollar die Flotte wieder auf sechs Einheiten aufgestockt, die im Mittelmeer und Nordamerika vertreten sind und im Nordwinter zu den seltenen Gästen vor der Küste Südamerikas zählen. Der letzte Neubau Italiens wird bald 20 Jahre alt.

Die spanische Flagge soll erstmals 1985 am Mast der ISABELLA der Royal Columbus Line wehen. In diesem neuen Unternehmen sind spanische und amerikanische Reiseunternehmer, spanische Banken und Werften und der Staat mit Bürgschaften vertreten. Bis 1992 sollen in Spanien neun Neubauten zwischen 8 500 BRT/500 Betten und 30 000 BRT/1 500 Betten entstehen. Auf den Schiffen nach amerikanischem Geschmack werden vor allem Amerikaner bei Tagessätzen von nur 100 US-Dollar Mittelmeer und Atlantische Inseln oder Afrika kennenlernen. Gleichzeitig plant auch die staatliche Fährgesellschaft Cia. Trasmediterranea in einem Gemeinschaftsunternehmen Bau und Betrieb von Kreuzfahrtschiffen.

In Japan dauerte es einige Jahre, bis man wagte, dem Beispiel der China Navigation Co. zu folgen, die mit ihrer CORAL PRINCESS in sogenannten Charter-Cruises Gruppen von Reisenden befördert, wie das die Japaner bevorzugen. In den vergangenen Jahren brachten dann Mitsui-OSK und einige Fährreedereien sechs ehemalige Fähren oder Messeschiffe ebenfalls für Charter- oder „educational cruises" in Fahrt. Wann westliche, mehr individuelle Reisegewohnheiten von den Japanern angenommen werden, ist ungewiß, sicher ist aber, daß bald Neubauten kommen und das Geschäft ausgebaut wird.

Mehr fremde Seereisende als Japan hat seit seiner Öffnung China angezogen, doch sind im gesamten Fernen Osten fast alle neuen Reedereien gescheitert. So ist nach dem Abbruch der BERLIN-Charter nur noch die PEARL OF SCANDINAVIA der Lauritzen-Gruppe in Südostasien, wobei deren Winterprogramm auch nicht zufriedenstellend läuft. Die Volksrepublik China sammelt noch mit der YAO HUA in Zusammenarbeit mit Lindblad Travel Erfahrung. Es darf erwartet werden, daß diese Devisenquelle in eigener Regie bald besser ausgeschöpft wird. Chinas bestes Schiff, die MING HUA, bediente 1980 bis 1983 den australischen Markt, wurde dann aber überraschend zum Hotelschiff gemacht.

Australien wird wegen seiner Abgelegenheit selten auf Kreuzreisen angelaufen, aber die reiselustigen Australier und Neuseeländer füllen ein bis zwei Schiffe von P & O, die FAIRSTAR von Sitmar und nach dem Rückzug der BERLIN und MING HUA mehrere russische Schiffe. Während die Sowjets in Italien von Costa und in England von Cunard und P & O bekämpft werden und ihre Aktivitäten einschränken mußten, wurde in Australien ein mehrjähriges Anlaufverbot aufgehoben. Nun treffen die P & O-Schiffe in einem anderen Gebiet, in dem sie heimisch sind, auf die russischen...

Nach diesem Überblick von der Neuen Welt über die Alte bis hin nach Australien stellt sich die Frage, wo die Kreuzfahrt sich noch weiterentwickeln wird. Bis heute wurden ständig neue Fahrtgebiete ausprobiert, zuletzt sogar die Nordwestpassage um Kanada. Die kleinen Schiffe für Reisen besonderer Art zu ausgefallenen Zielen erfreuen sich schnellwachsender Beliebtheit. Sicher werden auch weiterhin findige und wagemutige Reeder Marktlücken entdecken im Angebot der Flotte, in der Organisationsform der Reisen und in verschiedenen Teilen der Welt. Die Erschließung neuer Großräume für ganze Flotten, wie dies zuletzt an der Westküste Amerikas geschah, wird sich nicht in dem Maße wiederholen lassen. Nahe den beiden großen Märkten USA und Europa gibt es kaum mehr neue Ziele, entfernte Länder aber, wie zum Beispiel auf der Südhalbkugel, werden durch die Flugkosten teurer und damit weniger attraktiv für den Massenmarkt.

Es sieht aber so aus, als würde den Leuten, die beinahe alles im Überfluß haben, die Kreuzfahrt nicht so schnell über sein. Dafür spricht die wachsende Beliebtheit der Weltreisen, die immerhin drei Monate in Anspruch nehmen. In diesem Winter umrunden mindestens 11 Schiffe den Globus auf Kreuzfahrt, darunter mehrere der besten: QUEEN ELIZABETH 2, EUROPA, ROYAL VIKING SKY, SAGAFJORD, SEA PRINCESS, ROTTERDAM, DANAE, MAKSIM GORKY, ODESSA, KAZAKHSTAN und für die ärmeren Leute die FEDOR SCHALYAPIN.

P&O Ferries
SMYRIL LINE
B+I Line

Das weite Netz dieser interessanten und günstigen Fährdienste – in Deutschland alles aus einer Hand

Seydisfjördur
ISLAND
Torshavn
FÄRÖER
SHETLANDS
Lerwick
Stromness
ORKNEYS
Scrabster
NORWEGEN
Bergen
Oslo
Aberdeen
Hanstholm
DÄNEMARK
GROSSBRITANNIEN
IRLAND
Dublin
Liverpool
Rosslare
Holyhead
Hamburg
Pembroke
London
Southampton
Dover
Düsseldorf
Köln
Boulogne
Le Havre
Frankfurt

Informationen in Ihrem Reisebüro, oder bei
Generalagent: J. A. Reinecke (GmbH & Co)
Hohe Bleichen 11. 2000 Hamburg 36, Tel. (040) 35 19 51, Telex 211 545

Jadrolinija
RIJEKA JUGOSLAVIJA

Mit einer der zahlreichen Autofähren der JADROLINIJA erreichen Sie bequem das touristisch interessante Länderdreieck Jugoslawien–Italien–Griechenland.

46 Schiffe, die täglich in 109 Häfen anlegen, bringen Sie sicher und schnell zu den „1000 Inseln" entlang der jugoslawischen Küste.

Unsere bekannten Kreuzfahrtschiffe „DALMACIJA" und „ISTRA" verkehren auf allen Weltmeeren.

Rijeka – Yugoslavia
Obala JM 16, P. O. Box 123
Information: tel. 22 356
Booking: tel. 25 203
Cruises department: tel. 23 696
Telex: 24225 24195 YU JADROL

Generalvertretung: Deutsches Reisebüro GmbH, Postfach 2671, 6000 Frankfurt/M., Tel.: 069 / 156 63 42

mta Fährzentrale

Ihr Partner bei Auskünften und Buchungen für:

Intercruise Ltd. Piräus
La Palma

KREUZFAHRTEN in die SONNE
wöchentlich 04.05.85–12.10.85
Venedig–Piraeus–Rhodos–Heraklion–
Korfu–Dubrovnik–Venedig

'K' LINES-HELLENIC CRUISES
CONSTELLATION · ORION · GALAXY

An Bord der weißen Flotte
mts CONSTELLATION, mts ORION, mts GALAXY
2-, 3-, 4- und 7tägige Kreuzfahrten
März–Oktober im Mittelmeer sowie Afrika-Kreuzfahrten.

Regelmäßige Fährdienste mit:
„mv SOL OLYMPIA" Italien–Griechenland–Zypern–Israel.
„fb SOL PHRYNE" Griechenland–Zypern–Israel.

Zusätzlich: mit den Schiffen der
Corsica Ferries, Sardinia Ferries, Toremar, Siremar, Ventouris Ferries, Strintzis Lines und
TML-Turkish Maritime Lines.

Von Italien nach Griechenland, Zypern, Israel, Korsika, Sardinien, Elba, Sizilien, in die Türkei sowie die Verbindungen Griechenland–Türkei und die innergriechischen Fährverbindungen.

mta Mittelmeer-Touristik-Agentur

8000 München 2, Eisenmannstr. 4
Tel.: 0 89 / 26 50 31, Tx.: 5 29 706

2800 Bremen 1, Scharnhorststr. 32
Tel.: 04 21 / 23 20 51, Tx.: 2 44 846

6000 Frankfurt 1, Goethestr. 21
Tel: 06 11 / 28 18 89-28 19 94
Tx.: 4 16 042

7000 Stuttgart 40
Brackenheimer Str. 29
Tel.: 07 11 / 87 48 48, Tx.: 7 252 282

Alf Pollack   Visionen zur Seetouristik
im Jahre 2000

Die Ozeane bedecken rund zwei Drittel der Erdoberfläche. Sie bilden damit die größte natürliche Ferienlandschaft dieser Welt. Ein schier unerschöpfliches Areal für den menschlichen Unternehmungsgeist, der seit über einem Jahrhundert auch die Geschichte der Seetouristik geprägt hat.
Doch was ist Geschichte? Ein Erfahrungsschatz, den man nicht nur hüten, sondern aus dem man auch entsprechende Konsequenzen ziehen sollte. Wenngleich schon Hegel meinte (und kein Geringerer als Winston Churchill es ohne Zitat in seinen Memoiren wiederholte), daß das einzige, was man aus der Geschichte der Menschheit lernen könne, sei, daß sie daraus nichts gelernt habe.
Bleiben wir bei unserem Sujet, so glaube ich, daß die großen Reeder und die Manager der Seetouristik durchaus aus der Geschichte gelernt haben, noch immer lernen und dementsprechend auch in Zukunft handeln werden. Wobei im Hinblick auf die sich in den letzten Jahrzehnten immer schneller vollziehenden Strukturwandlungen auf den verschiedensten Gebieten Fehleinschätzungen keineswegs auszuschließen sein mögen.
Wollen wir einen Blick in die Zukunft wagen, ist ein kurzer Rückblick auf die Entwicklung dieses Zweiges der weltweiten touristischen Unternehmungen unumgänglich. Sie wird zwar dankenswerterweise an anderer Stelle dieser Druckschrift im Detail geschildert, dennoch scheint es uns zum besseren Verständnis möglicher Zukunftsaspekte dieses Geschäfts notwendig, wenigstens kurz auf einige Meilensteine in der Gesamtentwicklung des seetouristischen Angebots einzugehen, soweit sie für die hohe Flexibilität, aber auch eine unternehmerische Risikobereitschaft sondergleichen aller in diesem Geschäft tätigen charakteristisch waren. Denn diese beiden Faktoren vor allem geben uns die Gewißheit, daß wir auch die Zukunft, so „futuristisch" einige ihrer Perspektiven (siehe weiter unten) im Augenblick auch erscheinen, auf die eine oder andere Weise meistern werden.

Als die Linienfahrt noch florierte, gab es nur einige wenige Schiffe, die ganzjährig Kreuzfahrten („Vergnügungsfahrten") durchführten. Das heißt, einige Liniendienste mit einer Routenführung, die interessante Häfen versprachen, wurden — zum Teil mit zwischengeschalteten Unterbrechungsmöglichkeiten — als touristische Rundreisen angeboten. Die großen Überseedampfer der interkontinentalen Liniendienste boten Kreuzfahrten überhaupt nur außerhalb der „Saison" und das auch nur in sehr begrenztem Umfange an. So beispielsweise ansonsten auf der Transatlantikroute fahrende Schiffe im Winter Karibikreisen ab/bis New York, wenn für den Weg über den „großen Teich" wegen der gefürchteten Stürme nicht genügend Passagiere gefunden werden konnten. Das war alles nach dem letzten großen Krieg, als die Linienschiffahrt noch einmal eine Periode ungeheurer Prosperität erlebte: Hunderttausende von Menschen verließen als Auswanderer den verheerten Kontinent und — ebenso viele Amerikaner besuchten die Stätten, wo ihre boys gekämpft und gelitten hatten.
Doch die Zeit stand nicht still: Das Flugzeug begann sich die großen Distanzen zu erobern. Es wurde immer schneller, bequemer, sicherer. Bereits im Jahre 1957 mußten die Linienfahrer die Hälfte aller Transatlantik-Passagiere (rund eine Million) an die fliegende Konkurrenz abgeben. Mit der bevorstehenden Einführung der Jets war vorauszusehen, daß der bisher gegebene Preisvorteil der Schiffsreise so schnell schwinden wie die modernen Flugzeuge fliegen würden.
Trotz aller Bemühungen, den Passagier u. a. durch noch mehr Komfort an Bord zu Preisen hart an der Rentabilitätsgrenze zu binden, verlor das Linienschiff auf dem Nordatlantik in den sechziger Jahren (übrigens stellvertretend für alle anderen Übersee-Fahrtgebiete) den Kampf um den Passagier. Bereits Anfang der siebziger Jahre benutzten mehr als neunzig Prozent aller Nordatlantik-Überquerer das Flugzeug.

So war man der Entwicklung bereits in den sechziger Jahren sozusagen voraus- (oder entgegen-?)gefahren, indem man sich immer stärker seetouristischen Unternehmungen zuwandte. Die Liniendienste wurden zugunsten von Kreuzfahrten eingeschränkt, die nun mehr als bisher vor allem touristisch interessante Anlaufhäfen boten, um den allein zum Vergnügen reisenden Passagier zu gewinnen. Bisher in der Linienschiffahrt eingesetzte Schiffe wurden modernisiert, für die neuen Aufgaben zweckmäßig eingerichtet. Ende der sechziger Jahre fuhr man nur noch in den Spitzenzeiten der Saison im Liniendienst über den Atlantik. Es war die Zeit, als die Norweger als erste ganz auf die Kreuzfahrt konzipierte Neubauten in Auftrag gaben, Miami sich als Gateway für die Karibik und der amerikanische Markt sich zum Vorsegler im gesamten Kreuzfahrtengeschäft entwickelten.

Ja, man darf wohl ohne zu übertreiben feststellen, daß zu diesem Zeitpunkt die eigentliche Stunde der Kreuzfahrt geschlagen hatte.

Bald wurden ganze Regionen der Weltmeere und als Anlaufziele immer mehr Küsten und Häfen in die Programme aufgenommen, durch regelmäßige Abfahrten mit gleicher Routenführung während der ganzen Saison für immer weitere Kreise als alternative Möglichkeit für die Freizeitgestaltung begehrenswert: Nordeuropa bis hinauf nach Spitzbergen und Grönland wurden jetzt zunehmend erschlossen und für mehr Menschen als jemals zuvor erreichbar, das Mittelmeer von Gibraltar bis Kleinasien, die Atlantischen Inseln, Westafrika, die Neue Welt mit Kreuzfahrten zwischen Neu-England und der west-alaskischen Küste bis hinunter zur mexikanischen Riviera, von Bermuda und den Bahamas im Atlantik bis zum hawaiianischen Archipel im Pazifik. Sehr schnell boten immer mehr Turnusfahrten zusätzlich Gelegenheit, den Törn zu Badeaufenthalten oder Ferien in einem Insel- wie Landhotel zu unterbrechen.

Die große Stunde der Kreuzfahrt als weltumspannendes Medium der Urlaubsgestaltung aber schlug, als die Fluggesellschaften endlich einsahen, daß das Schiff in seiner Funktion als Transportträger kein feindlicher Bruder sein muß, sondern vielmehr als schwimmendes Hotel ein attraktiver Partner sein kann, wodurch die Anwendung günstiger IT-Sondertarife bei der Ausarbeitung kompletter Pauschalreisen mit der Kreuzfahrt als Hauptbestandteil ermöglicht wurde.

Die allen dienenden Folgen waren u. a., daß nicht nur die „großen Reisen" nach und durch überseeische Gebiete zeitlich auf eine akzeptable Länge von zwischen zwei und drei Wochen Dauer reduziert werden, sondern auch bei der Vor- und Nachschaltung von Landarrangements in aller Welt weitaus flexibler gestaltet werden konnten. Wesentlich beigetragen zur Entwicklung dieser Fly and Cruise-Arrangements in der Bundesrepublik Deutschland hat von Anfang an vor allem Seetours International.

Dieses System aber ermöglichte nun auch, an Teilen großer, sich über mehrere Wochen oder gar Monate erstreckender weltweiter Kreuzfahrten teilzunehmen. An Segmenten der verschiedensten Weltreisen, an Kreuzfahrten rund um Afrika oder Süd-Amerika, um nur einige Beispiele zu nennen.

Kurz: Die Kreuzfahrt erhielt in diesen Jahren ein völlig neues Gesicht und konnte damit immer neue Märkte erschließen. Rund zwei Millionen Menschen nutzen sie nach zuverlässigen Schätzungen heute in aller Welt für die Gestaltung ihres Urlaubs. Allen voran die Amerikaner, die mit 1,6 Millionen Paxen an der Spitze liegen, gefolgt von den Europäern, die bei in etwa gleicher Bevölkerungszahl allerdings erst 400 000 Passagiere erbringen und damit noch einen großen potentiellen Markt bieten. Aber auch einige Sekundärmärkte wie Australien, Südamerika und Südafrika zeigen erfreuliche Ansätze. Von dieser Entwicklung ausgehend darf man der Kreuzfahrt noch erhebliche Chancen einräumen, zumal die Einsatzgebiete laufend erweitert werden, um auch den zunehmenden Repeaters ständig neue Alternativen zu bieten, andererseits aber auch bereits stark strapazierte Anlaufhäfen zu entlasten.

Doch dies alles ist, so scheint mir, zunächst nur die eine Seite der Medaille. Von den heute im Einsatz befindlichen Schiffen werden um die Jahrtausendwende nicht mehr viele verfügbar und durch Neubauten ersetzt sein, wobei sich schon jetzt aus rein ökonomischen wie auch Gründen der Verfügbarkeit von mehr Raum für Freizeiteinrichtungen an Bord ein (Planungs-) Trend zum größeren Kreuzfahrtenschiff von 40 000 BRT und mehr dort abzuzeichnen scheint, wo wie in den USA bereits ein entsprechender Markt vorhanden ist. Und es ist durchaus denkbar, daß diese wie die bereits in den USA fahrenden grösseren Schiffe eines Tages in den günstigsten Saisonzeiten in europäischen Gewässern wie in denen der bereits erwähnten Sekundärmärkte auftauchen.

Dies spricht keineswegs gegen den Fortbestand des herkömmlichen Kreuzfahrtenschiffes mittlerer Größe, dessen Aufgabe der weiter diversifizierte „Wandereinsatz" auf den Sonnenrouten der Weltmeere mit einem verstärkten Angebot von Fly and Cruise-Arrangements sein wird.

Mit ziemlicher Sicherheit aber wird parallel dazu wieder das kleinere Kreuzfahrtenschiff für den Einsatz in dafür prädestinierten Seegebieten mit der Möglichkeit zum Anlaufen kleinerer — off the beaten track liegender — Häfen auftauchen. Ein vielleicht völlig neu konzipiertes Schiff mit weniger Bord- als Landprogramm, geeignet für ein intensiveres Kennenlernen der angelaufenen Küsten und Länder durch lange Hafenliegezeiten etc.

Die Seetouristik wird also weiter wachsen, dessen bin ich sicher. Doch der Wachstumsprozeß wird stärker als bisher von einer ganzen Reihe von Faktoren beeinflußt werden, deren Entwicklung heute überhaupt noch nicht zu übersehen ist: Die generelle Entwicklung der Freizeitgesellschaften im Rahmen einer weltweiten Umorientierung ganzer Gesellschaftsstrukturen.

Aber auch reine Fragen des Umweltschutzes, damit verbunden u. a. die Aufnahmefähig- wie -willigkeit der Häfen, werden eine zunehmende Rolle spielen und — last but not least — natürlich die Kostenentwicklung nicht nur im Schiffsbau, sondern auch im Betrieb der Schiffe, auf die hier näher einzugehen den Rahmen dieser Abhandlung sprengen würde.

Andererseits sind schon heute viele der hauptsächlichen Ferienlandschaften hoffnungslos von dem Ansturm Erholung suchender Menschen überfordert. Das zunehmende Umweltbewußtsein verbietet vielfach nicht nur den weiteren Ausbau der bereits riesigen Anlagen, sondern nicht selten auch die längst überfällige Schaffung einer verkehrs- wie serviceadäquaten Infrastruktur. Überbuchte Hotels, verstopfte Straßen oder aber chaotische Zustände auf Flughäfen sind die häufigsten Folgen.

Die im Gefolge einer geradezu hektischen Elektronisierung und Automation nicht nur von Produktionsvorgängen sondern auch zahlloser Dienstleistungen entstehenden weltweiten Freizeitgesellschaften werden uns zwar rein zahlenmäßig ein noch nicht vorstellbares zusätzliches seetouristisches Kundenpotential bescheren. Die frei verfügbaren Einkommen für die Urlaubsgestaltung hingegen werden durch die sozialpolitische Notwendigkeit, daß in Zukunft immer weniger Menschen für immer mehr weniger oder überhaupt nicht mehr beschäftigte Menschen werden mitarbeiten müssen, unter Umständen absinken.

Welche langfristigen Folgerungen könnten sich hieraus für die Seetouristik ergeben? Festzustellen wäre beispielsweise erst einmal, daß es zu allen Zeiten, unter allen Arten von Herrschaftsstrukturen und damit den unterschiedlichsten wirtschaftlichen Gegebenheiten Leute mit mehr und Leute mit weniger Geld gegeben hat. Das wird sich wohl auch für den Rest der Menschheitsgeschichte kaum ändern. Warum, weshalb und wieso oder ob dies nun gerecht oder ungerecht war, ist oder sein wird, kann hier nicht zur Debatte stehen.

Das aber heißt, daß wir auch in Zukunft u. a. mit einer zwar kleinen, aber relativ wohlhabenden Schicht rechnen können. Wir werden in diesem Kundenbereich also mit ziemlicher Sicherheit rein zahlenmäßig zu einem wie auch immer gearteten status quo kommen. In diesem Bereich der Seetouristik wird es für einen voraussehbaren Zeitraum kaum gravierende Veränderungen geben. Für die Spitzenklasse unter den Kreuzfahrtenschiffen wird es also weiterhin einen entsprechenden Bedarf geben. Aber auch in den mittleren Kategorien und besonders in den populären Klassen wie für die bereits angedeuteten Spezialitäten mit kleinen, beweglichen und mit besonderer Zielsetzung ausgestatteten Schiffen wird es einen zunehmenden Markt geben.

So weit — so gut also?

Einer der großen deutschen Zeitungsverleger der Nachkriegszeit hat einmal behauptet, die Zukunft der Menschheit werde nicht von Managern, sondern von Träumern gestaltet. Daß das menschliche Leben von Anbeginn nur eine Station zwischen Traum und Tag, zwischen Wunschdenken und Erfüllung war und bis auf den heutigen Tag ist, darüber dürfte es kaum einen Zweifel geben.

Dennoch müssen wir wohl zwischen der „Erfolgsquote" einer rein ethisch bedingten Moral und der Verwirklichung naturwissenschaftlich-technisch untermauerter Träumereien genialer Zeitgenossen unterscheiden, aus denen zu allen Zeiten Visionen erwuchsen, die sich je nach dem Tempo der menschlichen Entfaltung auf dem einen oder anderen Gebiet gelegentlich erst nach Jahrhunderten, ebenso oft aber auch schon nach wenigen Jahren als realisierbar erwiesen.

Deshalb zähle ich auch nicht zu jenen Kopfschüttlern oder gar heimlichen Lachern, wenn ich von Plänen höre, Schiffe für vier-, sechs- oder gar achttausend Passagiere auf Kiel zu legen. Sofern sie für eine völlig neue Aufgabenstellung, eben die einer schwimmenden Ferieninsel und nicht der eines Kreuzfahrtenschiffes im herkömmlichen Sinne, konzipiert werden.

Eine Megalopolis zur teilweisen Verlagerung des Massentourismus auf die Weltmeere also? Keineswegs. Der Bau solcher Schiffe in der dann notwendigen Größenordnung von 200 000 oder mehr BRT könnte allerdings sowohl von der touristischen Zweckbestimmung her wie aus ökonomischer Sicht nur einen Sinn haben, wenn sie nicht zu einer Art (un)menschlicher Massengut-Frachter werden.

Wie aber könnte ein solches Schiff aussehen, welche Funktion könnte es, welche Aufgaben zu erfüllen haben? Zunächst müssen wir uns von der Vorstellung eines ins Gigantische wachsenden Kreuzfahrtenschiffes herkömmlicher Provenienz trennen. Diese „Jumbos der See" würden nicht mehr von Hafen zu Hafen kreuzen, sondern vielmehr in den je nach Jahreszeit, Klima und Großwetterlagen günstigsten Regionen Position beziehen. Dies könnte aufgrund einer besonderen Entertainment-Konzeption, auf die ich noch zurückkommen werde, in der relativen Nähe eines einträglichen Marktes, außer Sichtweite und dennoch zum Beispiel vor den Küsten der USA, Japans oder des südlichen und westlichen Europas denkbar sein, wobei kleinere Schiffe wie Großraum-Helikopter den Passagier-Zubringerdienst versehen würden.

Wie gesagt, wir müssen uns bei einem solchen Gedankenspiel (und nur um ein solches handelt es sich hier ja zunächst) weitgehend von all dem, was bisher im wesentlichen eine „Kreuz"-fahrt ausmachte, trennen und versuchen, völlig neuen Überlegungen zu folgen. Stellen wir uns also zunächst eine derartige mobile Insel mit einer völlig neuen Identität vor. Eine Ferieninsel, die mittels modernster technischer Einrichtungen zur Abgas-, Abwasserentgiftung, Müllverbrennung etc. zunächst einmal eine ökologisch einmalig saubere Ferien„land"schaft auf See garantiert. Eine schwimmende Insel, die aufgrund ihrer Größenordnung eine in sich perfekte Infrastruktur bieten und somit den unterschiedlichsten Ansprüchen an die Urlaubsgestaltung und wie auch immer zu bewertenden, individuellen Erlebnis- und Erholungswerten gerecht werden könnte.

Den unterschiedlichsten Ansprüchen — dies heißt auch, daß dem Kreuzfahrten-Erlebnis herkömmlicher Art, dem Besuch fremder Länder, einem der Hauptanreize für diese Urlaubsform, eine ernsthafte Konkurrenz erwachsen könnte. Folgen wir unserer Vision, nennen wir unser Schiff, unsere schwimmende Ferieninsel, einmal „Future". Was hätte sie, was müßte sie bieten, um als echte seetouristische Alternative eine Chance zu haben?

Vorab würde „Future" entschieden dem wachsenden Umweltbewußtsein breitester Bevölkerungsschichten in allen Ländern entgegenkommen, denn alle Voraussetzungen für eine ökologisch ideale Urlaubs„land"schaft wären gegeben.

Die Positionierung in dafür besonders geeigneten Seegebieten würde den Besuch fremder Länder zwar regional einengen, aber keineswegs ausschließen. Dies könnte einen weiteren positiven Effekt haben. Nämlich den, daß man von der „Future" aus nunmehr längere Exkursionen in ein nahes Land oder einer unweiten Insel unternehmen, ja, daß man sie auch mehrfach während des Aufenthaltes von seiner Urlaubsinsel aus besuchen kann.

Das bisherige Bordprogramm würde durch eine Entertainment-Konzeption (siehe oben) ersetzt, die alles, was ein konventionelles Kreuzfahrtenschiff und ein Ort an Land schon überhaupt nicht zu bieten vermögen, in den Schatten stellen und somit durchaus eine Alternative für den Urlaubsmarkt und damit sicher auch das seetouristische Angebot insgesamt bieten können. Mit Helikopter-Exkursionen, schwimmenden Satelliten als Tauchschulen, für den Hochseefischfang, Wasserskilauf, Tauchkugeln für Tiefsee-Sightseeing würden ebenso dazugehören wie Einkaufszentren mit einem internationalen Warenangebot, großräumige Sportanlagen und Spielplätze für die Kinder.

Die „Future" würde nicht nur alle gängigen Einrichtungen eines Ferienortes haben. Sie würde darüber hinaus durch die Weitläufigkeit ihrer Auslage all das, was für einen abwechslungsreichen Feriengenuß wichtig, wertvoll oder auch nur erstrebenswert erscheinen mag, bieten können. Einschließlich eines bei Fahrt verschließbaren „Stranddecks", von wo aus man im klaren Wasser der Hochsee schwimmen oder dem „kleinen Wassersport" wie Pedalofahren oder Schnorcheln nachgehen kann.

Die „Future" würde kein Schiff mehr mit typisch deutschem, englischem, skandinavischem oder amerikanischem Charakter, sondern eine Ferienlandschaft mit dem Ambiente eines hochmodernen internationalen Seebades sein. In dem, wer will, sich in einem McDonald, einem englischen Pub, einer italienischen Trattoria, einem französischen Bistrot oder einer bayerischen Bierstube wohlfühlen kann. Mit integrierten Gartendecks, grünen Ruhezonen, naturähnlichen Pools, künstlichen Wasserfällen und so weiter.

Die „Future" würde sich durch die Notwendigkeit eines riesigen Unterhaltungsangebots für mehrere tausend Passagiere (oder sollte man schon „Bewohner" sagen?) nicht mehr auf die von wenigen Leuten bestrittenen Shows beschränken können, sondern müßte dem reinen Unterhaltungsangebot auch ein entsprechendes kulturelles Programm von Theatergruppen bis hin zum Symphoniekonzert bieten — nicht zuletzt mit einem nicht zu kleinen Seitenblick auf die daraus zu ziehenden PR-Effekte für die Werbung neuer Interessenten. Im Gegenzug gewissermaßen aber könnte beispielsweise eine gute Unterhaltungs-Crew bei der Positionierung in Küstennähe an Land Gastspiele, sowohl unter dem Aspekt eines PR-Effektes wie aber auch die Kasse zusätzlich füllender Aktivitäten, durchführen. Wie überhaupt der Land/See-Beziehung noch ungeahnte, dem heutigen Kreuzfahrtenschiff durch seine „Durchreisefunktion" nicht zudenkbare Perspektiven eröffnet werden könnten. Bei relativ landnaher Positionierung oder auch nur vorübergehend einmal eingenommener Liegezeit in Landnähe zum Beispiel als außergewöhnlicher Kongress- und Tagungsort.

Denkbar wären noch viele andere Funktionen, die man im Hinblick auf die wirtschaftliche Basis eines solchen Unternehmens sicher nicht außer acht lassen würde, damit der Super-Komfort schließlich nicht auch mit Super-Preisen bezahlt werden müßte, für die nicht genügend Publikum zu finden wäre.

Nun bin ich — sollte ich sagen: Gott sei Dank!? — zwar kein Reeder, aber immerhin lange genug der Seetouristik verhaftet, so daß mir die Risiken in einem Neugeschäft von solchen Ausmaßen durchaus vorstellbar, wenn auch nicht „auf die Mark abschätzbar" sind. (Schließlich hat man selbst bei als abschätzbar erachteten weitaus kleineren Risiken im Laufe der Jahre gelegentlich schon mal Flops erleben müssen.)

Doch die Welt steht nicht still, die Entwicklung wird weitergehen. Die Kreuzfahrt in ihrem heutigen Gewand wird mit Sicherheit nicht der seetouristischen Weisheit letzter Schluß sein. Die See bietet noch weite Horizonte. Ist es vermessen, zu versuchen, einmal dahinterzuschauen? Auch ein Columbus folgte zunächst einer Vision und hatte keineswegs ein Patentrezept für eine Entdeckung in der Tasche, die die Welt veränderte.

Maßstab deutscher Werftarbeit

Vlissingen (NL) ⇔ Sheerness (GB)

First Class nach England zum Economy-Preis

Olau Britannia

7/85

Jochen Dietz Visionen?

es sollte sich doch einmal lohnen,
bereits vertraut mit hoch, breit, lang,
ein trip ins reich der dimensionen,
um eben dort geloest von zwang,
sich voellig frei mal zu bewegen.
und dann die ‚vierte' freizulegen.

ich wollte immer schon von je her –
als ‚visitator' sozusagen –
die gabe haben, als ein seher,
die kreuzfahrtzukunft zu erfragen.
ein guter fix-punkt waer, mir scheint's,
das kreuzfahrtjahr: 2001.

ich sehe da recht visionaer,
fuenfhundertachtzigtausend tonnen,
nur noch ein schiff im see-verkehr,
versprechend hochgenuss und wonnen.
idee ist, dass die reedereien,
pro abfahrt sich das schiff ausleihen.

sie haetten dann, was sehr frappant ist,
ihr publikum total im griff,
und koennten dann, was relevant ist,
mit tausenden sofort aufs schiff,
um dort mit jungen und mit alten
den seetourismus zu entfalten.

der ausspruch: ‚mensch, ich seh' kein land mehr
erscheint mir laengst nicht mehr obskur,
weil es für haefen schon zu gross waer,
und tendern ginge dann auch nur,
mit umsteigen in riesenboote,
man fragt sich nur, ob das kommode?

erneut gerat' ich in extase,
als man mir ein modell beschreibt
und zwar schon aus der naechsten phase,
das laengst im modellhafen treibt.
das schippert dann, zwar sehr mondaen,
jedoch schon ohne Kapitaen.

scient's fiction im kreuzfahrtverkehr?
oder bereits total entwickelt?
ist die vision der wahrheit naeher?
als das gefuehl, dass in mir prickelt?
wenn ich mir als den groessten clou,
vorstelle: die roboter-crew?

man wird auch dann mit den kabinen,
weil man doch crew und treibstoff spart,
und dem system mehr geld verdienen,
als itzt in unserer gegenwart.
ich seh' den werbe-slogan schon:
kreuzfahrt mit ‚hands-off-navigation'.

was vorteil ist, was nachteil waer,
da sehe ich schon differenzen,
jedoch eins waere elitaer,
beschwerden faenden ihre grenzen,
da ja kein mensch mehr angeheuert,
weil alles nunmehr ferngesteuert.

ich seh' da noch was in der ferne,
von der tonnage nicht sehr gross,
das boot der zukunft, wie ich lerne,
ein ruderschiff mit rettungsfloss,
weil wir von unserer umwelt wissen,
dass wir bald wieder rudern muessen.

zurueck aus dieser dimension,
die aufgezeigt hat, was futur,
doch die experten wissen schon,
was bei den meisten glaube nur.
haelt es uns immerhin auf trab,
es passiert noch viel, warten wir's ab.

Erleben Sie mit der "ASTOR" eine farbenfrohe Welt!

"ASTOR" – ein Name für Kreuzfahrten in Luxus mit vielen Besonderheiten!

Sie liebt strahlenden Sonnenschein, äquatoriale Gewässer und ungewöhnliche Ziele:
- die unberührte Natur des Amazonas
- die berauschende Farbenwelt Brasiliens
- die faszinierende Wildnis und Tierwelt Namibias
- die tropischen Inselparadiese des Indischen Ozeans
- die beeindruckende Vielfalt der Landschaften Südafrikas

Die "ASTOR" liebt aber auch das Exklusive und Abenteuerliche:
- die fantastischen Fjorde Norwegens
- die gigantischen Eisberge der Antarktis mit ihrer einmaligen Tierwelt

Die "ASTOR" selbst ist der perfekte Traum für Kreuzfahrtenliebhaber. Mit 19000 Tonnen beherbergt sie 500 Passagiere – nicht groß, aber großzügig in den Räumlichkeiten, exzellenter Küche und Service und anspruchsvollem Unterhaltungsprogramm.

Umgeben von höchstem Komfort, zeigt die "ASTOR" Ihnen die Welt.

Eine umfangreiche Beschreibung der Kreuzfahrten finden Sie im neuen "ASTOR" – Prospekt, mit Abfahrten auch von Hamburg.

Für weitere Informationen und Prospekte wenden Sie sich bitte an den Generalagenten von Safleisure.

Globus – Reederei GmbH, Palmaille 55, 2000 Hamburg 50. Tel: 040 389 51 21, Telex: 2161299 – glob d

Safleisure
Eine farbenfrohe welt.

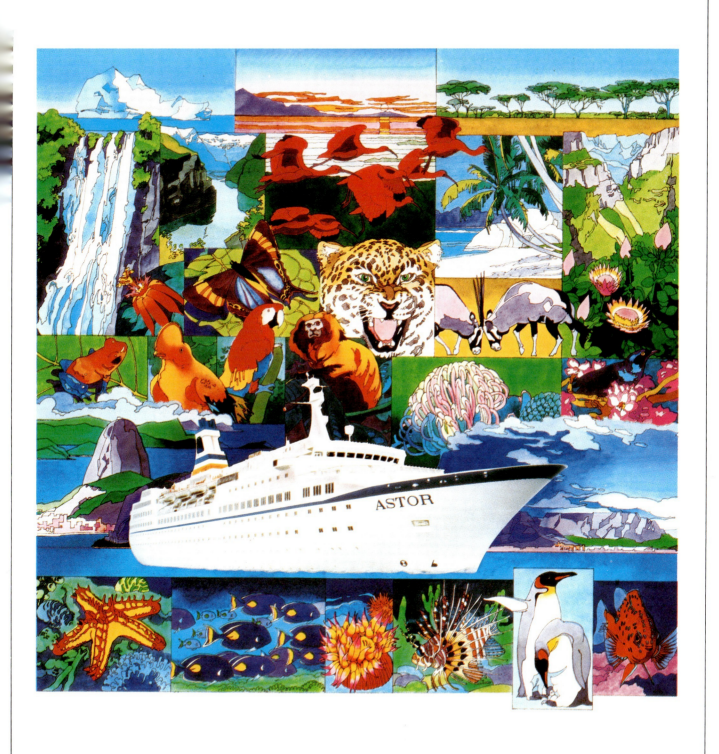

Dr. Rüdiger von Torklus

Seereisen – mit Vollkomfort in die Freizeitgesellschaft des 21. Jahrhunderts

I. Komfort kontra Kosten

Mit der Rückverlegung der „Berlin" aus dem Fernen Osten gibt es wieder zwei deutsche Kreuzfahrtschiffe in europäischen Gewässern. Sie wird ebenso wie die „Europa" unter deutscher Flagge und mit deutschem Schiffsführungs- und Servicepersonal fahren. Am 10. Februar 1985 wird die „Berlin" aus Singapur auslaufen und nach Venedig kreuzen. Nach einigen Fahrten im Mittelmeer erfolgt dann die Rückkehr von Genua nach Bremerhaven am 18. Mai 1985. Von hier startet sie zu den traditionellen Nordlandfahrten, Kreuzfahrten in die Ostsee und im Herbst wieder zurück nach Genua.

Vor der fünfwöchigen Saison-Eröffnungsfahrt von Singapur nach Venedig ist die „Berlin" gründlich renoviert und umgestaltet worden, um dem deutschen Kreuzfahrtflaggschiff, der „Europa", nicht nur vom Preis her Konkurrenz zu machen. Mit einer durchschnittlichen Passagerate von 375,– DM pro Passagier und Tag liegt die „Berlin" etwa 175,– DM unter dem Spitzenklasse-Schiff „Europa" und mindestens 80,– DM über den Schiffen der unteren Mittelklasse mit ausländischer Flagge. Die „Berlin" plaziert sich damit im eng gewordenen Markt der gehobenen Seetouristik. Ob sie sich in diesem Segment behaupten kann und dem Anspruch dieser Klasse gerecht wird, muß die Zeit zeigen; denn die Sparsamkeit der bundesdeutschen Touristen bekamen in den vergangenen Jahren nicht nur unsere europäischen Nachbarn zu spüren. Das Schiff hat die Chance, den durch Verkauf der „Astor" eingetretenen Angebotsverlust am deutschen Markt auszugleichen.

Die „Berlin" ist das erste von insgesamt drei neuen Kreuzfahrtschiffen, die um 1980 auf deutsche Rechnung in einheimischen Werften gebaut wurden. Im Sommer 1980 wurde sie von den HDW (Howaldts-Werken-Deutsche-Werft) in Kiel der Reederei Peter Deilmann, Neustadt/Holstein, übergeben. Nach einem kurzen Intermezzo am deutschen Markt wurde die „Berlin" bereits Ende 1981 an die Straits Steamship Company in Singapur verchartert. Als „Princess Mahsuri" lief sie dann weiterhin unter deutscher Flagge mit deutschem Personal in der nautisch-technischen Schiffsführung sowie mit einer internationalen Service-Crew, jedoch ausschließlich in fernöstlichen Gewässern (in der Wintersaison Australien, Neuseeland und die Südsee ab und bis Sidney; in der Sommersaison Indonesien, Süd-Thailand und Malaysia ab und bis Singapur). Unter den deutschen Schiffen nahm sie bisher eine Sonderstellung ein, weil sie sich über Blue Funnel Cruises in erster Linie an den australischen Markt wandte. Der 7 813 BRT große Kreuzfahrer verfügt über 150 Kabinen und kann bis zu 330 Passagiere aufnehmen bei einer Besatzung von ca. 135 Mann.

Fast gleichzeitig kamen dann die neue „Europa" (Reederei Hapag-Lloyd AG, 33 819 BRT, 600 Passagiere, auf der Bremer Vulkan Werft im Dezember 1981 fertiggestellt) sowie die „Astor" (Reederei Hadag, 18 834 BRT, 638 Passagiere, auf der HDW-Werft, Hamburg, im Dezember 1981 fertiggestellt) hinzu. Sie sind nach den Möglichkeiten für Unterhaltung, Sport und Fitness, nach der Küchenleistung und der Qualität der Innenausstattung (abgesehen von Geschmacksunterschieden) weitgehend gleichwertig. Die Atmosphäre an Bord der „Europa" ist geprägt von traditioneller Etikette, auf der „Astor" ging es persönlicher zu. Auf beiden Schiffen sind die Kabinen mit großen Fenstern und modernstem Komfort ausgestattet. Ein wesentlicher Unterschied besteht jedoch in der Kabinengröße. Sind die Kabinen auf der „Europa" mit etwas mehr als 20 m² großzügig ausgefallen, so kommen sie auf der „Astor" und der „Berlin" mit 13 m² auf rund zwei Drittel dieser Fläche. Tonnagebedingt konnten bei der „Europa" auch die Gesellschaftsräume und die Swimmingpools großzügiger angelegt werden.

Während die „Europa" den anfänglichen Unsicherheiten und Sorgen ihrer Reederei davon und aus dem Stand heraus in die Gewinnzone fuhr, mußte die „Astor" im Herbst 1983 an die südafrikanische Reederei Safmarine verkauft werden. Bis Ende 1982 hatte sie einen Verlust von 27,5 Mio. DM eingefahren. Inzwischen arbeitet sie auch wieder in den Programmen deutscher Veranstalter.

Der gebotene Komfort wird vielfach an der Verhältniszahl von Passagieren zur Tonnage bzw. zur Besatzungsstärke gemessen.[1]) Man teilt die Zahl der Bruttoregistertonnen (BRT) durch die Zahl der Passagiere. Nach einer sogenannten Faustregel sollten dabei mindestens 30 BRT auf einen Fahrgast entfallen. Als Ideal gelten 40 BRT und mehr. Im Vergleich zur „Europa", die bei 33 819 BRT maximal 600 Urlauber mitnimmt (56 BRT pro Passagier), entfallen bei der „Astor" auf rund 600 Fahrgäste (maximal 834) nur 18 000 BRT (31 BRT pro Passagier). Die „Berlin" stellt nach dieser Rechnung bei insgesamt 7 813 BRT und 330 Fahrgästen jedem Passagier durchschnittlich einen Raum von knapp 24 BRT zur Verfügung. Speisesaal und Lounge sind jedoch so großzügig bemessen, daß alle Passagiere in einer Sitzung essen bzw. gemeinsam an einer Abendveranstaltung teilnehmen können.

Die Einteilung der Schiffe nach „Verhältniszahlen" erscheint problematisch, weil eben der Anteil des für Passagiere nutzbaren Raumes an der Gesamttonnage recht unterschiedlich ist. Bei älteren Schiffen und bei ehemaligen Fähr- und Linienschiffen ist die dem Gast zur Verfügung stehende Fläche oft wesentlich geringer als bei modernen reinen Kreuzfahrtschiffen. Auch der pro Passagier vorhandene Quadratmeteranteil an den Gesellschaftsräumen und den Freiflächen wäre unter Ausstattungskomfort-Gesichtspunkten interessant. Leider werden derartige Zahlen von den Reedereien nicht veröffentlicht.

Dennoch scheinen sich gerade unter diesen Gesichtspunkten in die Zukunft weisende Entwicklungen abzuzeichnen. 1970 galt der 20 000-Tonner noch als Idealgröße. Die seit 1982 neu in Auftrag gegebenen oder vergrößerten Schiffe befanden sich dann alle in der Größenordnung zwischen 30 000 und 32 000 BRT. Hier wurden erstmals wieder Rationalisierungseffekte über größere Einheiten angestrebt: Bei gleichem Treibstoffverbrauch sowie Schiffsführungs- und Maschinenpersonal steigt die Zahl der Betten. Auch der Küchenbetrieb und die anderen Serviceleistungen können bei Schiffen dieser Größenordnung kostengünstiger abgewickelt werden. Da die qualitativen Anforderungen der Passagiere steigen, müssen die Reedereien zwangsläufig umrüsten. Selbst bei hohen Preisen hat die Kreuzfahrt – auch unter der Flagge von Hochlohnländern – eine Zukunft, wenn entsprechender Komfort geboten wird. Als die Norwegian Carribbean Lines (NCL) 1980 ihr Flaggschiff, die „SS Norway", ehemalige „France" auf Kreuzfahrten in die Karibik schickte, lachte die Branche Hohn. Heute spricht das Ergebnis für sich: 1983 verbuchte die Reederei mit 97 % Auslastung alleine dieses Schiffes das beste Jahr der Gesellschaft. Die NCL stellt mit dem zur Zeit größten Kreuzfahrtschiff (70 202 BRT, 1 864 Passagiere) den Gästen rund 38 BRT pro Passagier zur Verfügung. Mit einem neuen Superschiff sollen nun neue Maßstäbe gesetzt werden. Die NCL plant, den 225 000 BRT großen Kreuzfahrer „Phoenix" zu bauen, der 5 000 Passagiere aufnehmen soll. Das entspräche einer Verhältniszahl von 45 BRT pro Passagier. Wenn die Planung weiter erfolgreich verlaufe, so sagte Kapitän Aage Hoddevik von der „Norway" im September 1984, der den Vorsitz für die Projektgruppe übernommen hat, könne das Schiff 1988 in Dienst gestellt werden. Baukosten: rd. 1,4 Mrd. DM. Das Mammutschiff wird mehrere Hotelkomplexe aufnehmen und soll als eine Art künstliche Insel zunächst in der Karibik operieren. Auch ein anderer seit 15 Jahren ausgemusterter Veteran der Atlantikschiffahrt wird wieder flott gemacht: die „United States" (38 216 BRT, zuletzt 1 000 Passagiere bei Kreuzfahrten), die 1952 das viel umkämpfte „Blaue Band" der Atlantikfahrt gewann.

Im Fährschiffbau zeichnen sich ähnliche Entwicklungen ab. Durch die ständig steigenden Personalkosten und Hafengebühren ist die Umstellung auf Großraumschiffe erforderlich. Um auch in Zukunft im Wettbewerb bestehen zu können, hat die niederländische Reederei Zeeland zusammen mit ihrem britischen Partner Sealink bei einer holländischen Werft für rund 150 Millionen DM das „größte schwimmende Hotel im Ärmelkanal" in Auftrag gegeben. Es soll ab April 1986 täglich zwischen Hoek van Holland und Harwich verkehren. Diese Jumbo-Fähre wird dann die Schiffe „Prinses Beatrix" und „Zeeland" ersetzen. Das erste Großraum-Fährschiff (35 000 BRT) der Silja-Line ist im Herbst 1984 auf der Wärtsilä-Werft in Helsinki vom Stapel gelaufen. Ab Mai 1985 wird es auf der Route Stockholm–Turku eingesetzt werden. Der Bau eines Schwesterschiffes ist geplant.

Diese beiden neuen „Jumbo"-Fähren der Silja-Line sind Ergebnis einer Flottenpolitik, die das schwedisch-finnische Unternehmen seit der Indienststellung der beiden Fähren „Finlandia" und „Silvia Regina", also seit 1981 verfolgt: Mit großen Fähren auf wenigen ausgesuchten Routen wirtschaftlich erfolgreich fahren.

Auch die dreißiger Jahre führten – im Zusammenwirken mit dem Aufkommen des ersten Urlaubsseeverkehrs – zu einem Wettbewerb der „Gigantomanie", bei dem jedoch – im Gegensatz zu heute – in erster Linie nationales Prestige und Luxus und erst in zweiter Linie wirtschaftliche Überlegungen den Ausschlag gaben: Die Franzosen brachten 1935 die genau 83 423 BRT große „Normandie" der Compagnie Générale Transatlantique, die Briten 1936 die 81 235 BRT große „Queen Mary" der Cunard Line und schließlich 1940 mit der 83 673 BRT großen „Queen Elizabeth" derselben Reederei das größte Passagierschiff der Welt heraus.

Die beiden größten Fahrgastschiffe der Nachkriegsära, die staatlich subventionierten Prestige-Bauten und Nationalflaggschiffe „France" mit 66 348 BRT (Indienststellung 1962) und „Queen Elizabeth II" (QE 2) mit 65 863 BRT (Indienststellung 1969), sind zwar schon von vornherein ohne Blaue-Band-Ehrgeiz konzipiert worden; doch auch diese beiden Schiffe erwiesen sich zunächst als zu aufwendig, um wirklich rentabel im Kreuzfahrtgeschäft fahren zu können.

Die Industrialisierung der „Alten" und der „Neuen Welt" machte den Nordatlantik im vorigen Jahrhundert zur Hauptseeverkehrsstraße des Weltverkehrs. Den Auswandererströmen von Europa nach Amerika folgte bald immer stärker der Geschäftsreiseverkehr in beiden Richtungen. Hochentwickelte Industrieländer brauchen die Kommunikation und den Handelsverkehr, den Austausch von Material, Menschen und Meinungen. Jeder Zuwachs an Maschinenleistung und Geschwindigkeit aber auch an Transportkapazität bei gleichzeitiger Steigerung des Komforts schuf einen Wettbewerbsvorteil.[2]

Wenn auch der Wachstumsschwerpunkt der Kreuzfahrtflotte zur Zeit noch bei 30 000 bis 50 000 BRT großen Schiffen liegt, so setzt doch der Aufbruch in die Freizeitgesellschaft des 21. Jahrhunderts schon heute neue Maßstäbe für die Seetouristik in bezug auf Schiffsgröße, Komfort, Standardisierung, Servicefreundlichkeit und Antriebstechnik.

II. Seetourismus im Fahrwasser der gesamtwirtschaftlichen Entwicklung

Der Seetourismus ist begründet und abhängig von einer Vielzahl sozialer, ökonomischer, politischer, technischer und kultureller Faktoren nationaler wie internationaler Art, wobei dem Höhenflug des US-amerikanischen Dollars und der Entwicklung der Ölpreise in der letzten Zeit eine besondere Bedeutung zukam. Diese Faktoren sind teils konkret materiell faßbar, teils stellen sie immaterielle Größen dar.

Der internationale Seetourismus ist als Teil des gesamten internationalen Tourismus wesentlicher Bestandteil der Weltwirtschaft: direkt durch die Reiseverkehrsströme und die durch sie hervorgerufene Wertschöpfung materieller Art, indirekt durch den zur Durchführung der gesamten weltwirtschaftlichen Produktion notwendigen Geschäftsreiseverkehr (persönliche Kontakte und Know-how-Transfers), aber auch durch die aus dem Urlaubsreiseverkehr resultierende Adaption der Menschen an produktionsfreundlicher Verhaltensmuster („mit der Zeit gehen").

Konjunkturelle Großwetterlagen, Wechselkursveränderungen und Energiekosten lassen die Touristenströme nicht unberührt, und zwar in zweifacher Hinsicht:
– Das Niveau der wirtschaftlichen Aktivität in der westlichen Welt entscheidet über die Höhe der insgesamt für Inlands- und Auslandsreisen zur Verfügung stehenden Mittel.

- Die Aufteilung der Urlaubsausgaben auf die einzelnen Ziele hängt in den Veränderungen wesentlich von den Preisen und den Wechselkursen, also von den Wettbewerbsbedingungen der Anbieter ab.

Trotz der oft gezeigten Eigendynamik ist der Tourismus eingebettet in die internationalen Wirtschaftszusammenhänge. Wie der Außenhandel muß er als Teil der internationalen Arbeitsteilung gesehen werden, von dessen möglichst ungehinderter Entfaltung alle am Wirtschaftsprozeß Beteiligten profitieren. Dieses dürfte auch für das starke sowjetische Angebot am internationalen Kreuzfahrtmarkt gelten. Die jüngsten Veränderungen der außenwirtschaftlichen Rahmenbedingungen betreffen nicht nur die klassischen Industriezweige, sondern auch das Dienstleistungsgewerbe, und hier insbesondere den Tourismus.

Retardierenden Einfluß auf den Tourismus hatten die Energiekostenerhöhungen, die auch daraus resultierenden Entwicklungen im internationalen Währungssystem sowie die grundlegenden Veränderungen der Leistungsbilanzen wichtiger Industrieländer, aber auch der Entwicklungsländer. Der rasante Aufschwung im Welttourismus hat sich in der letzten Zeit verlangsamt und scheint nunmehr auf hohem Niveau zu verharren. Dennoch wird der internationale Tourismus nach dieser konjunkturell bedingten Atempause – je länger sie dauert, um so größer ist der Nachholbedarf – langfristig eine Wachstumsbranche bleiben. Sättigungstendenzen sind im Gegensatz zu einigen anderen Konsumbereichen hier nicht zu erkennen. Im nationalen und internationalen Reiseverkehr sind lediglich Anpassungsprozesse in Gang gekommen, die mit Verzögerung auf die allgemeine wirtschaftliche Entwicklung reagieren. Das Tief im Kreuzfahrtbereich zu Beginn dieses Jahrzehnts ist spätestens 1983 abgezogen. Oder befinden wir uns augenblicklich nur in einem Zwischenhoch?

Die Entwicklung des internationalen Seetourismus ebenso wie die des gesamten internationalen Tourismus kann quantitativ weder mittel- noch langfristig mit Hilfe mathematischer Modelle hinreichend zuverlässig vorhergesagt werden. Die Grundrichtung ist jedoch sowohl von der Nachfrageseite als auch von der Angebotsseite her mit Argumenten zu belegen sowie für die Vergangenheit durch übersichtliche Aufbereitung und Aggregation des umfangreichen, oft verstreuten Zahlenmaterials zu verdeutlichen. Da eine derartige Untersuchung den Rahmen dieses Beitrages sprengen würde, muß hier auf die in deutscher und englischer Sprache vorliegende Studie des Verfassers über die internationale Seetouristik zur Internationalen Tourismusbörse Berlin 1983 (Herausgeber AMK Berlin) und die dortigen Quellenangaben verwiesen werden.

Von der Nachfrageseite her beeinflussen u. a. folgende Faktoren den internationalen Seetourismus:
– Freizeit
– Bevölkerungsentwicklung
– Verfügbares Einkommen
– Bedarf an konkurrierenden langlebigen Verbrauchsgütern
– Stellenwert der Seereise
– Ausbildung und Sprachkenntnisse
– Reiseerfahrung
– Preiseentwicklung
– Außenwert der Währung
– Devisenbewirtschaftung.

Auf der Angebotsseite sind u. a. folgende makroökonomische Einflußkaktoren zu nennen:
– Devisenbedarf
– Exportstruktur
– Verteilung der knappen Ressourcen
– Politische Harmonisierung oder Abschirmung.

III. Freizeit als Motor der Reisenachfrage

Der produktionstechnische und gesellschaftliche Wandel hat in den letzten zwanzig Jahren in den westlichen Industrieländern eine allgemeine Zunahme und Präferenzierung der Freizeit hervorgerufen.

Dabei sind Urlaub und Verreisen zwei eng miteinander verbundene Begriffe, für viele schon gleichbedeutend. Urlaub, eine der wesentlichen Ausprägungen des Freizeitbegriffes, muß immer auch als Gegenstück und Ausgleich zu einer systematisierten, kontrollierten und oft einengenden Beschäftigung gesehen werden. Es ist deshalb für den Anbieter von touristischen Leistungen wichtig, bei der Produktgestaltung nicht aus dem Auge zu verlieren, daß das Freizeitverhalten in seiner vielfältigen und auch gegensätzlichen Form aus der Arbeitswelt resultiert. Straff organisierte und zunehmend automatisierte Arbeitsabläufe in den hochentwickelten Industrieländern haben den Wunsch nach Freiheit durch

Ortsveränderung und Kommunikation verstärkt. Diese Tendenzen kommen dem Seetourismus zugute. Aber auch der Aktiv-, der Sport- und besonders der Wintersporturlaub erfreuen sich zunehmender Beliebtheit und sind notwendiges Kontrastprogramm zur Arbeitswelt. Gerade der Zweit- und Mehrfachurlaub erschöpft sich nicht in der Regeneration, sondern soll mit „Erlebnissen" und „sportlicher" oder „kultureller" Betätigung ausgefüllt werden. Insoweit kommt der Dauer und Häufigkeit der Freizeit entscheidende Bedeutung für die Nachfrage nach Fremdenverkehrsleistungen zu.

Der „gesetzliche Urlaubsanspruch" und die „gesetzlichen arbeitsfreien Tage" sind die Basis dafür, daß der Einzelne aus diesem Anspruch für sich den Wunsch ableitet, die erarbeitete Freizeit auch tatsächlich als Urlaubsreise zu konsumieren.[3]) Für die Entwicklung der Fremdenverkehrsnachfrage ist es deshalb nicht unerheblich, ob die Reduzierung der Lebensarbeitszeit in den Industrieländern zu einer Verkürzung der täglichen oder auch der wöchentlichen Arbeitszeit, zum früheren Beginn des Ruhestandes oder auch zu einer Verlängerung des jährlichen Urlaubsanspruches führt. Ebenso werden neue Arbeitszeitmuster Einfluß auf das Freizeit- und Tourismusverhalten haben, wobei in erster Linie an die Schaffung größerer Freizeitblocks gedacht wird, u. a. durch Schichtdienstausgleich, gebündeltes „jobsharing" und verlängerte Wochenenden. Längere Wochenenden z. B. führen zu Miniferien über das ganze Jahr hinweg. Hiervon wird in erster Linie der Ausflugstourismus profitieren.

Der tarifliche Grundurlaub für Industriearbeiter ist von 1970 bis 1980 in den aufgeführten Ländern außer in Frankreich länger geworden. In der Europäischen Gemeinschaft haben die Indutriearbeiter in der Bundesrepublik die meisten gesetzlich und tarifvertraglich geregelten Feier- und Urlaubstage, die Iren dagegen die wenigsten. Die deutschen Industriearbeiter beanspruchen jährlich 21 bis 30 Arbeitstage (umgerechnet maximal 36 Werktage) tarifvertraglichen Grundurlaub und je nach Bundesland 10 bis 13 gesetzliche oder tariflich bezahlte Feiertage. Nach den Deutschen kommen die Dänen mit 30 Werktagen und 9,5 Feiertagen. Den geringsten Anspruch haben die Iren mit 17 bis 19 Urlaubstagen und 7 bis 8 Feiertagen (s. Tabelle 1).

Das Institut der deutschen Wirtschaft, Köln, macht in seiner Veröffentlichung vom Oktober 1984[4]) die langfristige Entwicklung des tarifvertraglichen Urlaubsanspruchs am Beispiel der Metallarbeiter (höchstmögliche arbeits- bzw. tarifvertraglich geregelte Zahl der bezahlten Urlaubstage eines Arbeitnehmers in der Metallindustrie ohne Berücksichtigung des Alters) und das „Urlaubsgefälle" zwischen einzelnen Ländern deutlich. Danach reicht die Urlaubsdauer von 10 Tagen im Jahre 1983 in den USA bis zu 31 Tagen im Jahre 1984 in den Niederlanden: 1962 betrug der Urlaubsanspruch in den Niederlanden nur 18 Tage. Mit 30 Urlaubstagen im Jahre 1984 liegt die Bundesrepublik Deutschland auf Platz 2 der internationalen Urlaubsrangliste (1962: 18 Tage), dicht gefolgt von Frankreich mit 28 Tagen (1962: 20 Tage) und Norwegen mit 26 Tagen (1962: 15 Tage). In den Niederlanden können die Metallarbeitnehmer über den regulären Anspruch hinaus

Tabelle 1

Jahresurlaub[1]) und bezahlte Feiertage in ausgewählten Industrieländern

	1970	1975	1978	1980
	Tariflicher Grundurlaub für erwachsene Industriearbeiter			
Deutschland (BR)	16*–24	20*–26*	20*–27*	21*–30*
Frankreich	24	24	24	24
Italien	12 –15	20*–24	20*–24	20*–24
Niederlande	15*–18*	20*–21*	20*–22*	20*–23*
Belgien	18	24	24	24
Großbritannien	12 –18	15 –20	15 –20	18 –23
Irland	12 –18	15*–18	15*–18	17*–19
Dänemark	18	24	24	30
	Gesetzliche arbeitsfreie bezahlte Feiertage			
Deutschland (BR)	10–13	10–13	10–13	10–13
Frankreich	8–10	7–10	7–10	7–10
Italien	17	17–18	10–11	10–11
Niederlande	7	7	7	7– 8
Belgien	10	10	10	10
Großbritannien	6– 7	7– 8	8	8
Irland	6– 7	7– 8	7– 8	7– 8
Dänemark	9,5	9,5	9,5	9,5

[1]) Werktage (alle Tage außer Sonn- und Feiertage); Arbeitstage sind gekennzeichnet (*).

Quelle: EUROSTAT, Sozialindikatoren für die Europäische Gemeinschaft 1960–1976 und EG-Kommission. September 1981.

zusätzlich 4 Tage Urlaub, in Italien (tarifvertraglich 1984: 25 Tage, 1962: 15 Tage) einen Extra-Tag, beanspruchen, wenn es die betrieblichen Belange gestatten. Nach Berechnungen des Deutschen Instituts für Wirtschaftsforschung (DIW), Berlin, beträgt die Zahl der gesetzlichen arbeitsfreien bezahlten Feiertage in der Bundesrepublik Deutschland maximal 15 Tage: 11 Tage einschließlich Bußtag (ab 1984) und jeweils einen halben, arbeitsfreien Tag Heiligabend und Silvester einheitlich in allen Bundesländern sowie bis zu 4 weitere Feiertage mit regionalen Unterschieden.

Betrachtet man die bereits eingetretene Entwicklung und die weitere Diskussion über die Verkürzung der Lebensarbeitszeit in den westlichen Industrieländern, so scheint der positive Einfluß, der von dieser Komponente auf die Entwicklung des Tourismus ausgeht, auch für die nächsten zwei Jahrzehnte gesichert zu sein. Hinzu kommt, daß in einigen Ländern inzwischen ein besonderes Urlaubsgeld und/oder zu bestimmten Terminen (z. B. zu Weihnachten) eine Sonderzuwendung gezahlt wird. Derartige Sonderzahlungen erleichtern die Finanzierung von Urlaubsreisen.

Zu Bildungs-, Fortbildungs- und Regenerationszwecken ist für die Schaffung von Langzeiturlaub in mehrjährigem Turnus zu plädieren, weil hiermit für den Arbeitnehmer die Möglichkeit geboten wird, selbständig und in freier Entscheidung Gesundheitsvorsorge zu treffen sowie Bildungs- und Fortbildungsvorstellungen zu realisieren. Den meisten Berufstätigen ist es heute unmöglich, an den kostengünstigen Langzeitreisen teilzunehmen, die sie z. B. bei Seereisen ohne verteuernde Langstreckenflüge auch in die entferntesten Regionen der Welt führen. Gleichzeitig würde das Durchschnittsalter bei diesen Reisen gesenkt werden, was sie bei allen Altersgruppen noch attraktiver macht.

Derartige Langzeiturlaube sind schon in einigen Ländern bekannt. Neben dem Forschungssemester für Hochschullehrer in der Bundesrepublik Deutschland gibt es weitere Beispiele in den USA und Schweden: In der amerikanischen Eisen- und Stahlindustrie haben bestimmte Arbeitnehmergruppen Anspruch auf einen dreizehnwöchigen „Sabbatical" im Turnus von fünf Jahren. Auch in Australien kennt man einen „Long Service Leave" nach einer bestimmten Zahl von Arbeitsjahren. In Schweden haben die Arbeitnehmer das Recht, innerhalb von fünf Jahren eine Urlaubswoche pro Jahr anzusparen.

Bei den vorgenannten Überlegungen darf nicht vergessen werden, daß nach eigenen Angaben der Befragten (im Rahmen der Reiseanalyse 1983 des Studienkreises für Tourismus, Bevölkerung ab 14 Jahre = 100 % oder 48,1 Mio.) nur rd. 32 % der Bundesbürger und Westberliner (= 15,4 Mio.) einem Arbeitgeber gegenüber Anspruch auf bezahlten Jahresurlaub haben. Arbeiter, Angestellte und Beamte gehören zu dieser Gruppe. Rd. 63 % haben dagegen keinen Urlaubsanspruch (= 30,5 Mio.). Das sind die freiberuflich Tätigen, Selbständige, Hausfrauen, Schüler, Studenten, Rentner und Pensionäre. Die Urlaubsplanung hängt jedoch bei Mehrpersonenhaushalten in weit stärkerem Maße von den „Urlaubsanspruchsberechtigten" (meistens der Haushaltsvorstand) ab, als es der vorgenannten Relation entspricht. Die Zahl derjenigen ohne Urlaubsanspruch ist 1983 gegenüber 1982 gestiegen. Immer mehr junge Leute haben längere Ausbildungszeiten oder versuchen, sich selbständig zu machen. Andererseits hat die Gruppe der älteren Personen, die aus dem Erwerbsleben ausgeschieden sind, zugenommen. Gerade auf sie ist im Hinblick auf ihre steigende Bedeutung für die Seetouristik noch besonderes Augenmerk zu richten. Hinzu kommt die Zunahme der Arbeitslosen. Auch die Zahl derjenigen, die keine Angaben zur Urlaubsfrage gemacht haben, ist stark gewachsen.[5]

Besonders auffällig ist der Wunsch nach Kontakten im Urlaub, was sicherlich auch zur besonderen Beliebtheit von Skifahrten, Rund- und Studienreisen sowie Kreuzfahrten und Ferien in Clubdörfern geführt hat. Zusätzliche Gemeinschafts- und Animationsprogramme sind geeignet, anfängliche Kontaktschwierigkeiten zu überwinden. Kaum ein Anbieter kann es sich noch leisten, Ferien ohne Begleitprogramme auszuschreiben. Nach neuesten Untersuchungen scheint im Bereich der Freizeit alles das Zukunft zu haben, was Gemeinschaft herstellt. Auch dieses ist eine Entwicklung, von der die Kreuzfahrtindustrie nur profitieren kann.

Die Firma McCall-Erickson hat zusammen mit dem Marplan-Institut in einer im Oktober 1982 veröffentlichten Studie den Begriff der „Freizeitkarriere" geprägt, auf die sich der Ehrgeiz der Männer in der Bundesrepublik Deutschland zunehmend richte. Die Untersuchung macht den Versuch, unter verschiedenen Kriterien, z. B. Beruf, Freizeit, Familie, Gesundheit, Status, bestimmte Motivationsstrukturen und -veränderungen bei

Männern oder kurzgesagt „Männertypen" herauszufiltern, und kommt hierbei zu folgendem Ergebnis: Zunächst gibt es eine veränderte Einstellung zum Beruf. Etwa die Hälfte aller Männer in der Bundesrepublik Deutschland glaubt nicht mehr, sich im Beruf verwirklichen zu können. Das heißt nicht etwa, daß sie zur Inaktivität neigen, aber sie empfinden die Freizeit als das eigentlich Wesentliche. Etwa 39 v.H. der Stichprobe bejahen für sich selbst das Leistungsprinzip. Aber der Männertyp des „leistungsorientierten Fleißigen" macht nur noch 19 v.H. aus. Bei dieser Gruppe steht der berufliche Erfolg noch an der Spitze, insbesondere bei den 30- bis 49jährigen. Ein ganz anderer Typ dagegen ist der „stressierte Geldverdiener", der 16 v.H. der erfaßten Gesamtheit ausmacht. Auch ihn treibt der Ehrgeiz, aber er leidet darunter, fühlt sich unbefriedigt, eingeengt und tut das kund. Dazwischen liegen die „anspruchsvollen Lebensgenießer" mit etwa 18 v.H., die „freizeitbewußten Erlebnisorientierten" mit 11 v.H. oder die „traditionsorientierten Bequemen" mit rund 7 v.H. Das sind diejenigen, die sich mit ihrem Beruf „eingerichtet" haben. 14 v.H. der Männer sind jedoch der Meinung, es lohne sich überhaupt nicht, sich anzustrengen.[6]

Die Attraktivität der Familie – jedoch nicht zu groß – scheint ungebrochen. Für viele, denen der Beruf keine Zufriedenheit gibt, scheint sie sogar noch gewachsen zu sein. Die Tourismusbranche reagierte schnell auf diese Erkenntnisse. Die Touristik Union International (TUI), Europas größter Reiseveranstalter, richtete im Sommerprogramm 1983 – wie auch andere deutsche Großveranstalter – nach eigenem Bekunden ein besonderes Augenmerk auf die Familie. Die Zuschläge in den Ferien (Hochsaison) wurden reduziert. Kinderermäßigungen verstärkt gewährt. Auch von einigen Kreuzfahrtveranstaltern und Fährschiffreedern wurden familienfreundlichere Tarife eingeführt.

Die vorgenannten Ergebnisse der Meinungsumfragen sind nicht überzubewerten. Sie machen jedoch Tendenzen deutlich, die in die Zukunft weisen (Wertewandel). Über die Marktforschung haben sie Eingang in das touristische Angebot gefunden. Darüber hinaus ist es mit Hilfe der touristischen Motivationsforschung gelungen, Zusammenhänge und Entwicklungen im Reiseverkehr aufzudecken und zu erklären, die bei ausschließlich ökonomischer Betrachtung unverständlich waren und deshalb oft falsch eingeschätzt wurden.

Urlaubserwartungen sind „Glücksvorstellungen". Das gilt durch den totalen und kontinuierlichen Wechsel der Umgebung insbesondere auch für Schiffsreisen. Es geht – gerade bei Mehrfachreisen – nicht nur um Gesundheit und Erholung an der frischen Luft, daß heißt möglichst leistungsfähig zu sein für die Wiederaufnahme der Haus- oder Berufstätigkeit. Es dreht sich oft nicht primär um den Ausgleich zu einer zunehmend systematisierten, kontrollierten und oft einengenden Beschäftigung. Auch Bildungsbedürfnisse müssen nicht im Vordergrund stehen. Es handelt sich oft schlicht und einfach darum, Vergnügen an einer Reise zu empfinden. Das „Wie" ist nur sehr unterschiedlich. Für den einen ist es z.B. die Frachterreise, für den anderen das Unterhaltungsangebot auf einem Großraumschiff. Dennoch ist vielen Menschen gemeinsam: Urlaubsreisen sind für sie Lichtblicke, manchmal auch Höhepunkte, zumindest Stationen ihres Lebens. Eine Reise wird schon dann zur Zufriedenheit führen, wenn der Urlauber das Gefühl hat, daß er die gewünschte Lebensart wenigstens zeitweise erreicht hat und einige vitale Bedürfnisse, die im Alltagsleben oft zurückgestaut wurden, zu ihrem Recht gekommen sind.[7]

Die Erlebnisfunktion der Freizeit wird deutlich, sobald die Freizeit gestaltbar ist. Zur Gestaltung gehören jedoch Wille, Freiheit und Mittel. Erst dann zeigt sich, daß der Freizeitnutzen, und in seiner speziellen Ausprägung der Urlaubsnutzen, mehr ist als nur Erholung und Ausgleich. Die Entwicklung der Freizeitausgaben in der Bundesrepublik Deutschland macht deutlich, wohin die Fahrt geht.

Freizeit über die bloße Regeneration der Kräfte hinaus hat für viele Völker und Bevölkerungsschichten erst eine neue Dimension des Lebens erschlossen, ihnen die Chance zur Selbstentfaltung und Selbstverwirklichung gewährt. Deshalb ist es nicht erstaunlich: Wenn in einer Industriegesellschaft der Wohlstand in Freiheit zunimmt, steigen die Ausgaben für Reisen überproportional. Auch in wirtschaftlichen Schwierigkeiten werden die Reiseausgaben auf hohem Niveau gehalten, so lange es geht. Urlaub ist Lebensqualität, für die manchmal auch die Ersparnisse angezapft werden.

IV. Konsumausgabenverlagerung in den Freizeitbreich

Fünf bis sechs Wochen Jahresurlaub, Verkürzung der Lebensarbeitszeit und der täglichen Arbeitszeit sowie materielle Besserstellung und soziale Absicherung der Bevölkerung konnten nicht ohne Folgen für die Konsumnachfrage der privaten Haushalte bleiben. Zusätzliches Einkommen wurde mehr und mehr den Verwendungszwecken zugeführt, die der Gestaltung der Freizeit dienten. Das führte innerhalb der Konsumstruktur der privaten Haushalte zu einer Umschichtung zugunsten der Güter des Freizeitbedarfs. Ein Ausdruck dieses Trends waren auch die stark wachsenden Reiseverkehrsausgaben. Vermehrte Freizeit als Frucht der gestiegenen Produktivität hatte somit Auswirkungen auf die Wirschaftsstruktur. Reiseausgaben im Ausland sind Dienstleistungsimporte, die durch entsprechende Warenexporte bezahlt werden müssen. Sie führen tendenziell zu einer Stärkung des industriellen Sektors der Entsenderländer, was meistens übersehen wird. Mit dem Urlaub sind Käufe komplementärer Güter verbunden, zum Beispiel Koffer, Sportgeräte, Filmausrüstungen, Camping-Artikel, Fahrräder und sogar Autos, die wichtige Träger des Urlaubsreiseverkehrs im In- und Ausland sind. Die privaten Haushalte nutzen ihre Kraftfahrzeuge zu etwa 40 v.H. im Freizeitbereich. Diese komplementären Güter werden im allgemeinen im Inland gekauft, wenn auch nicht immer dort produziert.

Wirtschaftliche Schwierigkeiten in den Entsenderländern führen offensichtlich zu Umschichtungen in den Konsumausgaben, auch innerhalb des Freizeitkonsums. Der Kauf eines neuen Autos oder Kühlschranks kann nachgeholt werden. Der Urlaub, den man in einem Jahr nicht macht oder den man nicht seinen Vorstellungen entsprechend ausfüllt, ist in der subjektiven Einschätzung unwiederbringlich verloren. Anfängliche Zurückhaltung wird aufgegeben, je näher der Urlaubsbeginn rückt (Spätbuchungen). Der teilweise Verzicht auf andere Konsumgüter zugunsten von Reiseausgaben führt jedoch zu einer äußerst kritischen Prüfung des Angebots am Mengenmarkt und zum intensiven Vergleich von Reiseverkehrsleistungen. Das Preis-Leistungs-Verhältnis muß stimmen. Preisvorteile bei Einsparungen am Urlaubsort realisiert, soweit keine wesentliche Beeinträchtigung des Erlebniswertes der Reise hiermit verbunden ist.

Das Produkt „Urlaubsreise" ist schwer verzichtbar und mit Ausnahme der Transportkosten leicht teilbar. Es kann eben sowohl in homöopathischen Dosen (Kurzreisen) als auch in regenerativer Form (Langzeit- und Überwinterungsurlaube) genossen werden. Wenn sich das für Fremdenverkehrsleistungen verfügbare Einkommen der Haushalte vermindert, so wird möglichst nicht „am", sondern „im" Urlaub gespart. „Näher, kürzer, preiswerter", ist dann die Devise.

Diese Ergebnisse der bereits genannten Studie des Verfassers zur Internationalen Tourismus Börse 1983 sind durch die laufende Wirtschaftsrechnung des Statistischen Bundesamtes[8] sowie die Auswertung des Instituts der deutschen Wirtschaft (IW) vom Herbst 1984[9] weitgehend bestätigt worden.

Die laufende Wirtschaftsrechnung des Statistischen Bundesamtes ist das Ergebnis der monatlichen Befragungen von knapp 1 000 privaten Haushalten. In der Rechnung wird zwischen drei Haushaltstypen unterschieden (verkürzt dargestellt):

– Haushaltstyp I erfaßt die 2-Personen-Haushalte von Rentnern und Sozialhilfeempfängern mit geringem Einkommen (monatliches Haushaltsbruttoeinkommen 1983: unter 1 800 DM).

– Haushaltstyp II erfaßt die 4-Personen-Haushalte mit mittlerem Einkommen (monatliches Bruttoarbeitseinkommen 1983: 2 450 DM bis 3 700 DM; nur ein Einkommensbezieher),

– Haushaltstyp III erfaßt die 4-Personen-Haushalte von Beamten und Angestellten mit höherem Einkommen (monatliches Haushaltsbruttoeinkommen 1983: 4 750 DM bis 6 500 DM).

Die Ausgaben für Freizeitgüter werden innerhalb der Wirtschaftsrechnungen des Statistischen Bundesamtes als spezieller Bereich der Einkommensverwendung zusammengestellt und dabei nach zwei Haupt-Ausgabeblöcken unterschieden, und zwar Freizeitausgaben im engeren Sinne sowie Aufwendungen für Urlaubsreisen. Die Freizeitausgaben im engeren Sinne bestehen aus zehn Untergruppen:

1. Bücher, Broschüren, Zeitungen, Zeitschriften.
2. Rundfunk, Fernsehen u. ä. einschließlich Gebühren.
3. Kraftfahrzeug (30 Prozent der laufenden monatlichen Aufwendungen für das Kraftfahrzeug außer-

Tabelle 2

Freizeitaufwendungen im langfristigen Trend
– Monatliche Ausgaben je Haushalt in DM –

Jahr	Haushaltstyp I		Haushaltstyp II		Haushaltstyp III	
	Urlaub	Freizeit insgesamt	Urlaub	Freizeit insgesamt	Urlaub	Freizeit insgesamt
1965	3,56	21,07	23,15	94,05	71,30	233,51
1966	4,32	26,94	25,62	104,53	79,31	252,71
1967	3,75	25,03	17,76	97,77	70,48	243,78
1968	4,74	24,31	22,90	102,84	69,85	241,30
1969	4,96	28,09	26,64	114,85	81,41	260,85
1970	7,31	35,12	33,18	134,42	100,65	301,52
1971	7,31	36,38	43,59	163,12	109,89	340,06
1972	8,91	41,51	48,57	181,07	119,32	364,87
1973	12,09	44,86	60,28	209,47	138,33	409,22
1974	12,39	52,96	69,68	239,73	154,03	463,04
1975	20,27	63,95	84,11	283,08	163,19	502,61
1976	20,36	72,76	94,58	323,99	188,40	562,80
1977	21,08	75,08	101,23	329,07	207,05	597,80
1978	22,57	84,05	113,04	347,76	205,86	625,74
1979	25,77	93,13	114,19	369,49	236,40	682,76
1980	31,94	106,86	130,13	405,66	260,97	737,33
1981	31,62	112,00	130,08	422,89	267,67	756,70
1982	35,39	122,53	123,28	428,48	270,77	765,20
1983	47,00	141,00	115,00	438,00	281,00	807,00
Zunahme im Jahresdurchschnitt 1983/65 in Prozent	+15,4	+11,1	+9,3	+8,9	+7,9	+7,1

Quelle: Statistisches Bundesamt; IW-Trends, 3/84, S. 46.

halb des Urlaubs ohne Anschaffungskosten).
4. Sport und Camping.
5. Gartenpflege und Tierhaltung.
6. Spiele und Spielzeug.
7. Besuch von Bildungs- und Unterhaltungsstätten.
8. Fotografieren und Filmen.
9. Handwerkszeug, -maschinen, sonstige hochwertige Gebrauchsgüter, soweit nicht anders erfaßt.
10. Sonstiger Freizeitbedarf.

Die gesamten Freizeitausgaben des Haushaltstyps II, der in etwa den deutschen Durchschnittshaushalt repräsentiert, betrugen 1983 monatlich 438 DM. Auf deutlich höherem Niveau liegen die Freizeitaufwendungen des Haushaltstyps III (807 DM je Monat). Die Rentnerhaushalte geben im Monatsdurchschnitt zwar nur 141 DM für Freizeitgüter aus, doch expandierten sie ihre Freizeitaufwendungen im Beobachtungszeitraum 1965/83 mit einer jahresdurchschnittlichen Zuwachsrate von gut 11 Prozent deutlich kräftiger als die beiden anderen Haushaltstypen mit mittlerem (knapp 9 %) und höherem Einkommen (gut 7 %) (s. Tabelle 2). Bei allen drei Haushaltstypen wuchsen die Ausgaben für Urlaub und Hobby im Beobachtungszeitraum rascher als die verfügbaren Haushaltseinkommen. Je Einkommenszuwachs-Prozent erhöhten sich im Durchschnitt der Periode 1965/83 die Freizeitausgaben
– der Rentnerhaushalte um 1,41 Prozent
– der Arbeitnehmerhaushalte mit mittlerem Einkommen um 1,25 Prozent und
– der besser verdienenden Beamten- und Angestelltenhaushalte um 1,13 Prozent.

Bei dieser Entwicklung vergrößerte sich der Anteil des Freizeitkonsums am Haushaltseinkommen bei den Rentnerhaushalten von 1965 bis 1983 um 3,7 Prozentpunkte auf 8,9 Prozent, beim Haushaltstyp II um 3,1 Punkte auf 12,6 Prozent und beim Haushaltstyp III um 1,7 Prozentpunkte auf 13,6 Prozent (s. Tabelle 3).

Bei allen drei Haushaltstypen sind die Urlaubsausgaben überdurchschnittlich gewachsen, wenn auch mit stark unterschiedlicher Dynamik (s. Tabelle 4). Bei den Haushaltstypen II und III stieg die Urlaubsausgabenquote nur schwach. Die Entwicklung seit 1980 spielte hierbei eine wichtige Rolle: Die langandauernde Konjunkturschwäche, insbesondere das Arbeitsplatzrisiko und das gedämpfte Einkommenswachstum, drückten

Tabelle 3

Anteil der Freizeitausgaben am ausgabefähigen Einkommen
– in Prozent –

	Haushaltstyp		
Jahr	I	II	III
1965	5,2	9,5	11,9
1970	6,2	10,7	12,7
1975	6,9	12,9	13,2
1980	7,9	13,6	14,8
1983	8,9	12,6	13,6

Quelle: Statistisches Bundesamt; IW-Trends, 3/84, S. 47.

Tabelle 4

Struktur der Freizeitausgaben 1965 und 1983
– Prozentanteile –

Ausgaben für:	Haushaltstyp I		Haushaltstyp II		Haushaltstyp III	
	1965	1983	1965	1983	1965	1983
Bücher, Zeitschriften, Zeitungen	22,1	18,3	12,0	10,0	12,0	9,6
Rundfunk, Fernsehen einschl. Gebühren	24,6	14,2	16,5	12,1	9,8	9,4
Kraftfahrzeug	2,0	9,1	10,2	15,6	13,7	12,7
Sport und Camping	1,9	2,0	8,6	8,9	7,3	8,2
Gartenpflege, Tierhaltung	22,8	14,1	8,5	8,0	7,2	7,1
Spiele, Spielzeug	1,9	1,0	5,7	4,5	4,2	2,8
Besuch von Bildungs- und Unterhaltungsstätten	3,2	1,3	3,8	2,7	3,9	2,7
Fotografieren, Filmen	0,4	0,6	2,1	1,7	2,7	1,8
Handwerkzeug und Heimwerkgeräte	1,1	3,1	3,1	4,2	4,3	4,9
Sonstiger Freizeitbedarf	2,9	3,4	5,0	6,0	4,4	6,0
Freizeitgüter ohne Urlaub	83,1	67,0	75,4	73,7	69,5	65,2
Urlaub	16,9	33,0	24,6	26,3	30,5	34,8
Freizeitausgaben insgesamt	100	100	100	100	100	100

Quelle: Statistisches Bundesamt; IW-Trends, 3/84, S. 48.

Für Gästewerbung in Deutschland:
Die Große Kombination

Das Blaue Band für Reise-Werbung

Jeden Freitag erscheint in der WELT die REISE-WELT, jeden Sonntag in WELT am SONNTAG das Reise-Magazin MODERNES REISEN.

REISE-WELT und MODERNES REISEN: zwei Reiseteile der Spitzenklasse, redaktionell voneinander unabhängig, geschrieben von den Reiseredaktionen der WELT und WELT am SONNTAG.

REISE-WELT und MODERNES REISEN: mit einem gemeinsamen Anzeigenteil. Erreicht netto 1.45 Millionen* überdurchschnittlich zahlungskräftige Leser. Quelle: Media-Analyse 1984

DIE WELT/WELT am SONNTAG
Anzeigenabteilung, Postfach 30 58 30,
D-2000 Hamburg 36,
Tel.: (040) 3 47 41 33, Telex: 2 17 001 777 as d

Informations-Bon

Bitte informieren Sie mich über Fremdenverkehrsanzeigen in der Großen Kombination DIE WELT/WELT am SONNTAG

Name/Firma: _____

Straße/Nr.: _____

PLZ/Ort: _____

den Anteil der Reiseausgaben am gesamten Freizeitbudget des Haushaltstyps II von 32,1 Prozent in 1980 auf 26,3 Prozent in 1983, beim Haushaltstyp III gab es einen Rückgang um 0,6 Prozentpunkte auf 34,8 Prozent. Auch das Institut der deutschen Wirtschaft kommt zu dem Schluß, daß der Druck auf den Urlaubsaufwand weniger das Ergebnis einer geringeren Reisehäufigkeit, als vielmehr des Sparers „im Urlaub" ist, das heißt Urlaubsdauer, Entfernung des Reiseziels und Ausgaben am Urlaubsort werden zu Sparfaktoren. Auf die Erholungsreise selbst wird dagegen in der Regel nicht verzichtet.

Insgesamt erhöhte sich der Urlaubsanteil am gesamten Freizeitaufwand bei den Rentnern von knapp 17 Prozent im Jahr 1965 auf 33 Prozent 1983. Konjunktureinflüsse haben in Anbetracht der stabilen Rentensituation in der Vergangenheit weniger Einfluß auf ihre Urlaubsplanung, was den besonders starken Anstieg der Urlaubsausgaben im Jahr 1983 (+31,6 Prozent) zumindest teilweise erklärt. Hinzu kommt das Entstehen eines neuen „dynamischen" Rentnertyps, der seinen Lebensabend aktiv gestaltet, wovon der Erholungs- und Besichtigungstourismus profitiert.

In der zunehmenden Bedeutung des Urlaubs, aber auch in der Struktur der Freizeitausgaben im engeren Sinne spiegelt sich der neue Rentnertyp wider. Die klassischen Freizeitbereiche, die früher typisch waren für die Lebensabendgestaltung, haben in der Untersuchungsperiode stark an Bedeutung verloren. Das gilt vor allem für die Ausgabenbereiche Bücher, Zeitschriften, Zeitungen, Radio und Fernsehen, für die Gartenpflege und Tierhaltung (s. Tabelle 4). Die „neuen" Freizeitbereiche wie zum Beispiel Heimwerken und Basteln haben dagegen wachsende Bedeutung. Zusätzliches Einkommen wird für „neue" Zwecke verwendet, weil in vielen „alten" Bereichen ohnehin weitgehende Sättigung gegeben ist. Die Umstrukturierung von den klassischen zu den neuen Freizeitbereichen zeigt sich bei den Erwerbstätigen-Haushalten noch deutlicher. Das tendenzielle Annähern des Freizeitverhaltens der drei Haushaltstypen resultiert auch daraus, daß sich im Beobachtungszeitraum das verfügbare Einkommen der Rentner relativ zu den Aktiven-Einkommen deutlich verbessert hat.

Die sozialen und ökonomischen Unterschiede der drei Haushaltstypen bewirken unterschiedliche Reaktionen des Freizeitverhaltens auf konjunkturelle Veränderungen. Das Schaubild 1, in dem die Freizeitausgaben den zyklischen Veränderungen der Haushaltseinkommen gegenübergestellt werden, zeigt die Konjunkturreagibilität. Im Beobachtungszeitraum gab es nur in einer Konjunktursituation übereinstimmende Reaktionen aller drei Haushaltstypen: Im Schock der ersten Nachkriegsrezession wurden die Freizeitausgaben mit Schwergewicht beim Urlaub drastisch reduziert. In den

Schaubild 1

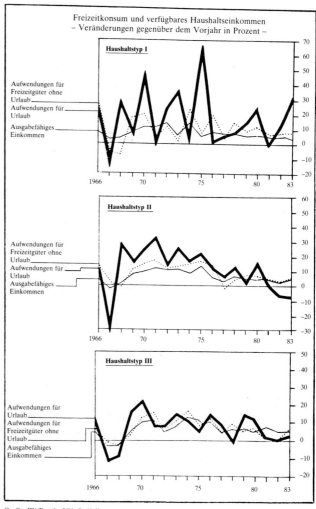

Quelle: IW-Trends, 3/84, S. 49 ff.

weiteren Konjunkturzyklen sind die Konjunkturreaktionen der drei Haushaltstypen sehr unterschiedlich, insbesondere bei den Rentner- und Erwerbstätigen-Haushalten gibt es divergierende Reaktionsprofile.

Die Ausgaben der Rentnerhaushalte für Freizeitgüter, speziell für Urlaubsreisen, zeigen heftige, nicht eindeutig konjunkturbestimmte Ausschläge. In der Mehrzahl der beobachteten Jahre verhielten sich die Rentner zu dem hier benutzten Konjunkturindikator, also zur relativen Veränderung des verfügbaren Einkommens, antizyklisch. 1975 und 1982/83 wurden bei verschlechterter Einkommensentwicklung die Urlaubsausgaben stark ausgeweitet. 1970/72 und 1974 dagegen kürzten die Rentner ihren Urlaubsetat trotz relativ guter Einkommensentwicklung. Konjunkturelle Veränderungen berühren die ökonomische Lage der Rentner eben nicht unmittelbar. Vor allem entfällt das Arbeitsplatzrisiko, das bei den anderen Haushaltstypen in rezessiven Phasen die Ausgabeneigung zugunsten des Vorsorgesparens drosselt.

Die Freizeitausgaben der Beschäftigten-Haushalte sind konjunkturempfindlich. Sie entwickelten sich erwartungsgemäß in engem Kontakt zur Konjunktur. Die Arbeitnehmer-Haushalte mit mittlerem Einkommen reagierten nach 1975 nahezu synchron auf Konjunkturverschlechterungen mit Einsparungen beim Urlaubsbudget (s. Schaubild 1 II.) Die übrigen Freizeitausgaben erwiesen sich etwas widerstandsfähiger, insbesondere in der Schwächeperiode 1980/83 blieb der Anteil der übrigen Freizeitaufwendungen an den gesamten Konsumausgaben konstant, während die Urlaubsausgaben deutlich gedrosselt wurden.

Bei den Hauhalten mit höherem Einkommen verlaufen die übrigen Freizeitausgaben und die Einkommensentwicklung weitgehend parallel (s. Schaubild 1 III). Die Urlaubsausgaben haben dagegen einen konjunkturellen Vorlauf: Bereits vor Verschlechterung der Einkommenssituation wird an den Urlaubsausgaben gespart, und häufig kommt es vor dem unteren Wendepunkt der Einkommensentwicklung bereits wieder zu einer Aufwärtsentwicklung bei den Urlaubsausgaben. Die Urlaubsdispositionen des Haushaltstyps III werden offensichtlich stark von konjunkturellen Frühindikatoren beeinflußt. Dieses Konjunkturmuster der Freizeitausgaben hat sich bei dem Haushaltstyp III in der Rezession von 1980/83 etwas verändert: Trotz der relativ guten Einkommensentwicklung blieben 1981 die Freizeitausgaben rückläufig. Erst 1983, also nach objektivem Wandel der Konjunktursituation, entwickelten sich seine Urlaubsausgaben in positiver Richtung. Der Haushaltstyp II hat mit seinen Urlaubsausgaben dagegen 1983 noch nicht den unteren Wendepunkt erreicht.

Bei der Konsumnachfrage insgesamt fällt auf, daß sie sich bei allen drei Haushaltstypen deutlich belebt hat, nachdem in den beiden vorangegangenen Jahren der Preisanstieg für die Lebenshaltung teilweise höher gewesen war als die Zunahme des privaten Verbrauchs.

Zunahme gegenüber dem Vorjahr in %

	Privater Verbrauch			Preisindex für die Lebenshaltung		
	1981	1982	1983	1981	1982	1983
Haushaltstyp I	+3,7	+7,1	+7,8	+5,7	+5,4	+3,1
Haushaltstyp II	+4,5	+5,4	+5,4	+5,9	+5,2	+2,9
Haushaltstyp III	+3,7	+3,7	+5,1	+6,1	+5,1	+3,0

1983 waren die Haushalte nach einer Phase der Zurückhaltung offensichtlich bereit, sich verstärkt ihre Konsumwünsche zu erfüllen, auch wenn dies nur auf Kosten einer höheren Kreditaufnahme bzw. einer Verminderung der Spartätigkeit ging.

Die Sparquote, d. h. der Anteil der Ersparnis an den ausgabefähigen Einkommen und Einnahmen, war bei allen drei Haushaltstypen 1983 niedriger als im Vorjahr:

Haushaltstyp I	6,0 % (1982: 9,7 %)
Haushaltstyp II	10,2 % (1982: 10,9 %)
Haushaltstyp III	14,6 % (1982: 15,6 %)

Unterstützt wurde die regere Nachfrage nach Konsumgütern auch durch mäßige Preissteigerungen. Die Rentner und Sozialhilfeempfänger gaben für den privaten Verbrauch im Jahr 1983 real (d.h. nach Ausschaltung der Preissteigerungen) fast 5 Prozent, die anderen Haushalte über 2 Prozent mehr aus als im Vorjahr.

Zusammenfassend kann festgestellt werden: Die Deutschen geben einen immer größeren Teil ihres Einkommens für Hobby, Urlaub und Kultur aus. 1983 verwendete der durchschnittliche Arbeitnehmer-Haushalt mit mittlerem Einkommen 12,6 Prozent seines verfügbaren Einkommens für „Freizeitkonsum", 1965 waren es nur 9,5 Prozent. Die Ausgaben für den Urlaub erhöhten sich dabei kräftiger als die übrigen Freizeitaufwendungen. Besonders bei den Rentnern hat der Urlaub als Freizeitbeschäftigung erheblich an Bedeutung gewonnen. Die großen Unterschiede zwischen den Freizeitgewohnheiten von Rentnern und Erwerbstätigen haben sich damit verringert. Die „dynamisierte Rente" hat auch die Rentner „dynamischer" und damit für die Tourismusbranche und bei den höheren Einkommensgruppen auch für das Kreuzfahrtgeschäft noch interessanter gemacht.

Klassische Freizeitsektoren haben gegenüber Urlaub und „jungen Hobbys" wie Heimwerken, Sport und Camping an Attraktivität verloren. Bei Arbeitnehmer-Haushalten sind die Konjunktureinflüsse auf den Freizeitkonsum erwartungsgemäß stärker ausgeprägt als bei Rentnern, d. h. die Reise- bzw. Ausgabenfreudigkeit der Rentnerhaushalte hat unter der ungünstigen Konjunkturentwicklung nicht gelitten. Allein 1983 wurde ihr Urlaubsetat auf nunmehr ein Drittel des Freizeitbudgets aufgestockt. Die geringeren Urlaubsausgaben bei den anderen Haushalten im Zusammenhang mit der negativen Konjunkturentwicklung sind jedoch kaum das Ergebnis einer geringeren Reiseintensität. Weil auf Urlaubsreisen in der Regel nicht verzichtet wird, muß gegebenenfalls bei den Transportkosten, der Reisedauer und den Ausgaben am Urlaubsort gespart werden.

Auch 1984 wird in der Reisebranche nicht mit einem starken Rückgang der Reiseintensität gerechnet. 1980 war trotz konjunktureller Schwierigkeiten das Jahr mit der höchsten Reiseintensität überhaupt. 57,7 Prozent der Bevölkerung über 14 Jahre haben eine oder mehrere Urlaubsreisen von mindestens fünf Tagen unternommen. Diese Zahl ist langsam auf 54,4 Prozent im Jahre 1983 zurückgegangen. Der Höchststand von 27,1 Millionen Urlaubsreisenden in 1980 wurde 1983 mit 26,2 Millionen Urlaubsreisenden um knapp 1 Million unterschritten (s. Tabelle 5). Zwar lassen sich in den letzten Jahren nicht mehr diejenigen Wachstumsimpulse feststellen, die zu Anfang der 70er Jahre den Touristik-

Tabelle 5

Reiseintensität[1]) in der Bundesrepublik Deutschland

Urlaubsjahr	Reiseintensität (in %)	Urlaubsreisende (in Mio.)	Veränderung gegenüber Vorjahr (in Prozentpunkten)
1970	41,6	18,5	–
1971	47,2	20,9	+5,6
1972	49,0	21,8	+1,8
1973	50,1	22,2	+1,1
1974	52,5	23,5	+2,4
1975	55,9	25,1	+3,4
1976	53,0	24,0	−2,9
1977	53,7	24,3	+0,7
1978	56,2	25,8	+2,5
1979	57,0	26,5	+0,8
1980	57,7	27,1	+0,7
1981	55,9	26,6	−1,8
1982	55,0	26,3	−0,9
1983	54,4	26,2	−0,6

1) Zahl der Reisenden über 14 Jahre, die eine Urlaubsreise oder mehrere von mindestens fünf Tagen Dauer unternommen haben, in Prozent der Gesamtbevölkerung (über 14 Jahre).

Quelle: Reiseanalyse 1983 des Studienkreises für Tourismus e.V., Starnberg 1984; S. 14.

bereich geprägt hatten, doch darf nicht außer acht gelassen werden, daß von 1970 bis 1983 ein „Mehr" von 7,7 Millionen Reisenden vorhanden ist. Je länger jedoch die Arbeitslosigkeit und die damit verbundenen finanziellen Einschränkungen dauern, desto mehr wird eine Reihe von Urlaubsinteressenten von der Realisierung ihrer Urlaubspläne Abstand nehmen müssen. Selbst bei großer Priorität der Urlaubsreise geht die Befriedigung anderer dringender Bedürfnisse schließlich vor.

VISTAFJORD · SAGAFJORD · QUEEN ELIZABETH 2
PRINCESS · COUNTESS

Vom Urlaub mit 5 Sternen, der keine Grenzen kennt. Wer mit unseren Schiffen auf Kreuzfahrt geht, bereist nicht einfach nur die schönsten Gebiete der Erde zur jeweils angenehmsten Jahreszeit. Nein – er erlebt auch einen Service und Komfort wie er heute nur noch selten zu finden ist. Dafür bekamen wir höchste Auszeichnungen. Das dürfte zum einen an der großzügigen Ausstattung der Kabinen und Suiten liegen, an der Küche, von der selbst Gourmets mit Hochachtung sprechen und nicht zuletzt an unserem Service-Personal, das Ihnen jeden Wunsch von den Augen abliest. Probieren Sie es doch mal aus, was Ihnen eine Reederei mit 140jähriger Erfahrung auf allen Weltmeeren zu bieten hat. Auf Abruf liegen bei uns und Ihrem Reisebüro Broschüren bereit, die Ihnen in aller Ausführlichkeit die wohl schönste Form des Reisens vor Augen führen. Zur Einstimmung einige der Ziele, die unsere Luxusschiffe VISTAFJORD, SAGAFJORD, QUEEN ELIZABETH 2, PRINCESS und COUNTESS ansteuern:

Shanghai · Tromsö · Galveston · Auckland · Istanbul · Montego Bay · Teufelsinseln · Leningrad · Venedig · Cayenne · Tianzin · Helsinki · Nassau · Sydney · Sao Paulo · Reykjavik · Los Angeles · Kopenhagen · Haiti · Fort Lauderdale · Nagasaki · Dublin · Hongkong · Stockholm · Jamaika · Bombay · New York · Heraklion · Nordkap · Yokohama · Edinburgh · Jalta · Hobart · Malaga · Recife · Cozumel · Madeira · Barbados · Limassol · Hammerfest · Honolulu · Oslo · Inverness · Spitzbergen · Portree · Danzig · Mahé · Casablanca · Durban · Lissabon · Martinique · Kairo · Analya · Pewan · Kapstadt · Cadiz · Bora Bora · Panama · Bali · Rio · Pattaya · Cook-Inseln · St. Lucia · Haifa · Bordeaux · Tahiti · Cartagena · Tahiti · Callao

Willkommen an Bord.

Neuer Wall 54 · 2000 Hamburg 36 · Telefon 0 40/361 20 58

V. Günstige Bevölkerungsentwicklung für die Kreuzfahrtnachfrage

Für die langfristigen Perspektiven des Tourismus und seiner Teilbereiche ist neben der Zunahme der Freizeit auch die Bevölkerungsentwicklung in der Bundesrepublik Deutschland von entscheidender Bedeutung, und zwar die Entwicklung der Bevölkerung insgesamt sowie die einzelner Altersgruppen. Bei den Veränderungen im Altersaufbau fällt mittelfristig die weiter steigende Zahl der erwerbsfähigen Personen auf und von der Mitte der 90er Jahre an die sich öffnende Schere zwischen dem rückläufigen Erwerbspotential und der steigenden Zahl von Personen im Rentenalter.

Das Deutsche Institut für Wirtschaftsforschung (DIW) hat alternative Prognosen[10]) mit unterschiedlichen Annahmen über das Wanderungsverhalten der Bevölkerung (für Deutsche und Ausländer) erstellt. Bei allen Varianten wurden jedoch die altersspezifischen Proportionen des Jahres 1982 konstant gehalten. Die geschlechtsspezifischen Proportionen von 1982 wurden auch für 1983 unterstellt. Für die Zeit danach wurde von einem Männeranteil von 60 v. H. ausgegangen, was dem Mittel der letzten 5 Jahre entspricht.

Tendenziell wird auch in Zukunft mit einer Abnahme der Sterbewahrscheinlichkeiten zu rechnen sein, insbesondere auf längere Frist. Der Prozeß wird sich jedoch verlangsamen, weil einmal nach heutigem Erkenntnisstand bei etwa 90 bis 100 Jahren eine biologische Altersgrenze erreicht ist, zum anderen noch nicht eindeutig belegt ist, wie sich die stärker werdende Umweltbelastung auf die Mortalität auswirken wird. Tendenziell lebensverlängernd wirken könnte unter anderem die sich abzeichnende Veränderung der Lebensgewohnheiten. Auf der Grundlage der altersspezifischen Veränderungen der letzten 10 Jahre wurde eine kontinuierliche Abnahme der Sterbewahrscheinlichkeiten mit sinkenden Raten angenommen.

Bis 1975 war die Zahl der Geburten bei den Deutschen kontinuierlich gesunken. Von 1978 an ist wieder ein Anstieg zu verzeichnen. Dieser Anstieg ist keine Trendwende, sondern auf einen Altersstruktureffekt zurückzuführen. Andernfalls hätte die „Nettoreproduktionsrate" – ein zusammengefaßtes Maß für die altersspezifischen Geburtenziffern[11]) – merklich steigen müssen. Sie ist jedoch, abgesehen von einigen wahrscheinlich zufälligen Schwankungen, in den letzten Jahren fast konstant geblieben.

Bei einem Vergleich der altersspezifischen Veränderungen kann man jedoch eine deutliche Verschiebung im

Schaubild 2

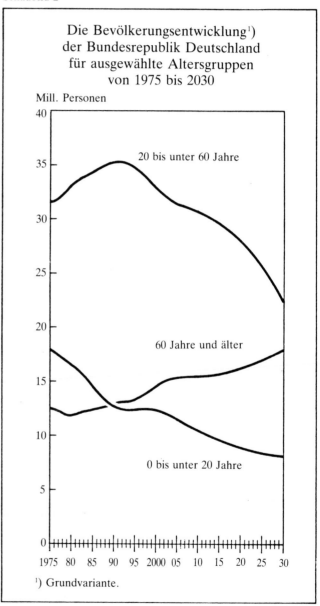

Die Bevölkerungsentwicklung[1]) der Bundesrepublik Deutschland für ausgewählte Altersgruppen von 1975 bis 2030

[1]) Grundvariante.

Quelle: DIW-Wochenbericht 24/84, S. 285.

generativen Verhalten feststellen. Die Zahl der Geburten je 1 000 Frauen im Alter zwischen 24 und 35 Jahren ist merklich gestiegen, in den anderen Altersgruppen dagegen gesunken.

Die Unterschiede der Prognosevarianten sind in erster Linie auf die voneinander abweichenden Annahmen über die Wanderungen zurückzuführen. Für die Entwicklung der Gesamtbevölkerung der Bundesrepublik Deutschland ergibt sich daraus ein Intervall zwischen 58,2 und 60,7 Millionen im Jahre 2000 sowie zwischen 45,3 und 51,4 Millionen im Jahre 2030.

Nach der Grundvariante, die vom DIW als am wahrscheinlichsten angesehen wird, nimmt die Bevölkerung bis zum Jahr 2000 nur unwesentlich von 61,5 (1983) auf 59,7 Millionen Menschen ab. Danach beschleunigt sich der Bevölkerungsrückgang so, daß 2030 nur noch 48,3 Millionen Personen in der Bundesrepublik leben werden. Die Zahl der Deutschen nimmt dabei stärker ab als die der Gesamtbevölkerung. Die Zahl der Ausländer steigt, jedoch mit schwächer werdenden jährlichen Raten, so daß nach 2015 auch die Zahl der ausländischen Bevölkerung wieder geringer zu werden beginnt. Im Jahre 2000 ist der Ausländeranteil mit 8,4 v.H. etwa gleich hoch wie 1983 (8,2 v.H.), bis zum Jahre 2030 steigt er auf 10,5 v.H. Ferner kommt es zu einer Angleichung der Geschlechteranteile, was nicht zuletzt auf das allmähliche Ausklingen der Kriegsfolgen zurückzuführen ist.

Für die Entwicklung einzelner Tourismusbereiche und ihrer kaufkräftigen Nachfrage ist das zahlenmäßige Verhältnis der Personen im Rentenalter zu den Erwerbsfähigen von großer Bedeutung. Diese Relation gibt erste Anhaltspunkte über Kaufkraftverlagerungen und Belastungen, die auf die Erwerbstätigen zur Finanzierung des Lebensunterhalts alter Menschen zukommen werden. Setzt man die Zahl der über 59jährigen zu jener der 20- bis unter 60jährigen in Beziehung, so erhält man den „Altenquotienten", der Aufschluß über diesen Sachverhalt gibt. Wie die Ergebnisse zeigen (s. Tabelle 6), wird sich der Altenquotient mit 80 v.H. (2030) im Vergleich zu 36 v.H. (1983) mehr als verdoppeln. Dies ist darauf zurückzuführen, daß der Anteil der über 59jährigen von 20 v.H. (1983) auf mehr als 24 v.H. (2000) zunimmt und schließlich im Jahr 2030 37 v.H. erreicht. Bei den 20- bis 60jährigen, also der überwiegend erwerbsfähigen Bevölkerung, ist noch bis zum Jahre 1992 mit einem Anstieg zu rechnen. Erst danach

Tabelle 6

Altersstruktur und Belastungsquotienten nach den Bevölkerungsvorausberechnungen

		Ist-werte	Vorausberechnungen	
			Bundes-regierung	Grund-variante des DIW
Anteil an der Gesamtbevölkerung in v.H.				
unter 20 Jahren	1983	25	.	.
	2000	.	21	21
	2030	.	17	17
20 bis unter 60 Jahren	1983	55	.	.
	2000	.	57	55
	2030	.	50	46
60 Jahre und älter	1983	20	.	.
	2000	.	22	24
	2030	.	33	37
Belastungsquotienten in v. H.				
Jugendquotient [1])	1983	46	.	.
	2000	.	37	38
	2030	.	35	36
Altenquotient [2])	1983	36	.	.
	2000	.	39	44
	2030	.	67	80
Gesamtlastquotient [3])	1983	82	.	.
	2000	.	76	82
	2030	.	102	116

1) Bevölkerung unter 20 in v.H. der Bevölkerung von 20 bis unter 60 Jahren.
2) Bevölkerung 60 Jahre und älter in v.H. der Bevölkerung von 20 bis unter 60 Jahren.
3) Jugendquotient plus Altenquotient.

Quelle: Bundestagsdrucksache 10/863; DIW-Wochenbericht 28/84, S. 286.

nimmt die Zahl der Personen dieser Altersgruppe ab; ihr Anteil schrumpft dann von 55 v.H. (1983 und 2000) auf 46 v.H. im Jahre 2030.

Bei der Prognose der Bundesregierung[12]), die auch von einem beträchtlichen Anstieg des Altenquotienten ausgeht, liegt der Quotient jedoch schon für das Jahr 2000 mit 39 v.H. deutlich unter dem Wert dieser Vorausberechnung (44 v.H.). Im Jahre 2030 ist der Unterschied sogar 13 Prozentpunkte. Die Ursache für die Abweichungen sind insbesondere die im Modell der Bundesregierung von 1976/78 an als konstant unterstellten Sterbewahrscheinlichkeiten. Da die Sterbewahrscheinlichkeiten heute schon abnehmen, ist in der Rechnung der Bundesregierung eine Umkehr des bisherigen Trends impliziert, die aus heutiger Sicht wenig wahrscheinlich ist.

Bei allen Vorbehalten, die sich gegen derartige langfristige Bevölkerungsvorausberechnungen vorbringen lassen, ist die Tourismusbranche gut beraten, sich heute schon auf diese Entwicklung einzustellen, insbesondere bei den langfristigen Investitionen, z.B. im Hotel- und Schiffbau.

VI. Mit Rationalisierung und Optimismus in die Zukunft

Der Reisemarkt ist in den letzten Jahren zu einem Käufermarkt geworden, mit eindeutiger Dominanz der Preispolitik bis hin zum ruinösen Wettbewerb. Der Wegfall von DM-Währungsvorteilen zwingt die Bundesbürger, auch bei den Urlaubsreisen stärker zu rechnen. Man nimmt die Organisation selbst in die Hand und erhofft sich Preisvorteile. Das Preis-Leistungs-Verhältnis soll stimmen. Marktanteile können nicht mehr aus dem gewohnten Marktwachstum gewonnen, sondern müssen von den Wettbewerbern hart abgeworben werden. Die Kostenlage wiederum zwingt die Veranstalter, nur wenige große Reiseziele mit hochentwickelter Infrastruktur anzufahren oder anzufliegen, d.h. mit Verkehrsnetzen und Unterkünften, die den Ansprüchen der selbstbewußten, anspruchsvolleren und mündigeren Gäste mit umfangreicher Reiseerfahrung gerecht werden. Zielgebiete, die sich nicht rentieren, werden ersatzlos gestrichen, Abflughäfen ohne lohnendes Passagieraufkommen aufgegeben. Die Suche kreativer Reisemanager nach Abenteuerfahrten oder exotischen Zielen ist vorbei.

Der unverändert hohe Wert der Auslandsreise in der Präferenzskala der privaten Haushalte, das relativ hohe Pro-Kopf-Einkommen, die wachsende Mobilität, der steigende Bildungswille und das ungünstige Wetter im Inland dürften auch weiterhin die Auslands-Reisetätigkeit beleben. Hinzu kommt, daß bei den jungen Leuten, die langsam in die Altersstufe mit höherem Einkommen und hoher Reiseintensität hineinwachsen, die Sehnsucht nach der Ferne besonders groß ist.

Genügend Reeder und Veranstalter schauen deshalb mit Optimismus in die Zukunft und investieren in die notwendige Verjüngung, Erweiterung und Modernisierung ihrer Flotte. Dabei muß man sehen, daß die jüngste Entwicklung auch im Kreuzfahrtbereich durch gegenläufige Trends gekennzeichnet ist: Zum preiswerten Angebot auf dem bewährten Schiff bei ständig erneut kritischer Prüfung von Preis und Leistung sowie zum teuren Angebot am „Luxusmarkt", wenn es der Veranstalter versteht, die entsprechende Klientel durch hohen Komfort und ständige Leistungsverbesserung an sich zu binden. Die weitere Zunahme der Gesamtnachfrage nach Kreuzfahrten wird entscheidend von der künftigen Entwicklung des Einkommens und seiner Verteilung, der Zunahme der Freizeit sowie der Bevölkerungsentwicklung abhängen. Eine große Zahl älterer Menschen sind heute schon begeisterte Kreuzfahrer. Es wird aber auch davon abhängen, wie es gelingt, jüngere Menschen durch entsprechende Angebote und Preise zu interessieren. Sie sind die „Repeater" von morgen. Die 60jährigen des Jahres 2030 sind heute bereits 14 Jahre alt. Die Sympathie für Kreuzfahrten ist – wie die Einschaltquoten der Fernsehserien zeigen – auch bei jüngeren Menschen vorhanden, die Mittel sind es oft nicht. Bei einem Blick in die Kataloge wird jedoch breiteren Bevölkerungskreisen bewußt, daß bei einem Tagessatz ab 100 DM Leistungen erbracht werden, die in ihrer Summierung auch an Land nicht preiswerter zu haben sind, von der kostenlosen ärztlichen Behandlung bis hin zu sechs Mahlzeiten am Tag. Präziser gesagt: Wenn die Erschließung neuer Kundenpotentiale in den traditionellen Kreuzfahrtländern sowie die Erschließung neuer Märkte z.B. in Japan und Südafrika mit dem zu erwartenden Wachstum der Tonnage Schritt hält und die konjunkturelle Großwetterlage in den westlichen Industrieländern weiter günstig bleibt, dann kann zu Recht mit Optimismus in die Freizeitgesellschaft des 21. Jahrhunderts gesteuert werden.

Fußnoten

1) Vgl. hierzu auch die Wirtschaftswoche Nr. 8 vom 19. Februar 1982, S. 78.
2) Vgl. Horst Willner: Niedergang und Neubeginn der Passagierschiffahrt, in: nauticus 1980, S. 24 ff.
3) Siehe auch: Zolles/Ferner/Müller: Marketingpraxis für den Fremdenverkehr, Orac Pietsch, Wien 1981, S. 9 ff.
4) iwd, Informationsdienst des Instituts der deutschen Wirtschaft, Nr. 43, vom 25. Oktober 1984, S. 1.
5) Vgl. Brigitte Gayler: Urlaubsreisen 1983, Einige Ergebnisse der Reiseanalyse 1983; Kurzfassung; Studienkreis für Tourismus e.V., Starnberg 1984, S. 9.
6) Siehe auch: Strukturwandel in den achtziger Jahren, in: Wirtschaftswoche Nr. 47 vom 13.11.1981, S. 118 ff. und. Die Versorgungsmentalität erstickt die Dynamik der freien Gesellschaft, in: Handelsblatt vom 20./21.10.1984, S. 7: „Die ökonomische Krisensituation, die sich in der Bundesrepublik seit Mitte der siebziger Jahre ausgebreitet hat, ist nach Ansicht von Prof. Werner Kaltefleiter (Universität Kiel) nur oberflächlich eine Wirtschaftskrise. – Sie sei begründet in der Veränderung der Normenstruktur, in der Verkümmerung der Leistungsminorität und dem Anschwellen der Versorgungsmajorität, schreibt Kaltefleiter in der neuesten Ausgabe der Zeitschrift ‚Die politische Meinung'. Kaltefleiter unterscheidet drei große gesellschaftliche Gruppierungen, die Leistungsminorität (etwa 15 bis 20 %), die Versorgungsmajorität (etwa zwei Drittel der Bevölkerung) und die Aussteiger (10 bis 15 %). – Das Problem der Bundesrepublik Deutschland und anderer westeuropäischer Länder bestehe darin, daß die Eckpfeiler eines der Industriegesellschaft zugeordneten Normensystems (Leistungsbereitschaft, Pflichterfüllung, individuelle Verantwortungsbereitschaft, generelle Aufgeschlossenheit gegenüber modernen Technologien) in immer geringerem Maße akzeptiert werden. Die Leistungsminorität werde eine sehr kleine Minorität und in der Vorsorgungsmajorität werde weniger Verständnis für die Normenstruktur der Leistungsminorität gezeigt. Kaltefleiter sieht das zentrale Problem darin, daß in der Versorgungsmajorität die Dynamik einer freien Gesellschaft erstickt . . . ."
7) Siehe auch: Reisemotive – Länderimages – Urlaubsverhalten, Ergebnisse der psychologischen Tourismusforschung, Studienkreis für Tourismus e.V., Starnberg 1981.
8) Vgl.: Budgets ausgewählter privater Haushalte 1983, Ergebnis der laufenden Wirtschaftsrechnungen, Statistisches Bundesamt, Fachserie 15, Reihe 1, 1983, S. 6 ff.
9) Vgl. im folgenden: Freizeitaufwendungen von der Flaute kaum betroffen, iwd, Nr. 35 vom 30. August 1984, S. 3, und: Entwicklung und Struktur der Freizeitausgaben (Autor: Edmund Hemmer), IW-Trends, Nr. 3, 1984, S. 43 ff.
10) Längerfristige Perspektiven der Bevölkerungsentwicklung in der Bundesrepublik Deutschland, Ergebnisse aktualisierter Vorausberechnungen, Deutsches Institut für Wirtschaftsforschung, Wochenbericht Nr. 24, vom 14. Juni 1984, bearbeitet von Bernd Koss. Anmerkung: Das DIW verwendet statt „Prozent" die eindeutigen Bezeichnungen v.H. = von Hundert und i.H. = im Hundert.
11) „Die Nettoreproduktionsrate gibt an, wieviele Mädchen von einer Frauengeneration im Verlauf ihres Lebens geboren werden (durchschnittliche Zahl von Mädchengeburten je Frau), wenn während der gesamten Lebenszeit dieser Frauengeneration die altersspezifischen Geburtenziffern gelten. Liegt die Nettoreproduktionsrate unter 1, so sinkt die Bevölkerungszahl langfristig, es sei denn, daß das Geburtendefizit durch Zuwanderungen oder andere Faktoren kompensiert wird." Wochenbericht des DIW vom 14. Juni 1984, a.a.O., S. 281.
12) Bericht über die Bevölkerungsentwicklung in der Bundesrepublik Deutschland, Bundestagsdrucksache 10/863 vom 14.01.1984.

Schiffs-

*Finan-
zierungen*

weltweit.

Domshof 17 · D-2800 Bremen 1 · Tel. 0421/3609-0 · Telex 244870

DEUTSCHE SCHIFFAHRTSBANK
Aktiengesellschaft

Dr. Heinz Klatt

Zusammenarbeit des DRV und der Willi-Scharnow-Stiftung mit dem Seepassage-Komitee Deutschland

Die Zusammenarbeit zwischen dem DRV und dem Seepassagen Komitee blickt auf eine lange Tradition zurück. Bereits am 20. September 1960 erfolgte in Hamburg die Institutionalisierung eines Kontaktkreises — benannt DRV-Schiffahrt — in dessen Rahmen umfassend die Fragen und Probleme aus dem Bereich Schiffspassagen und Kreuzfahrten diskutiert werden sollten. Zu den Gründern dieses Kreises, die maßgeblich auf seine Etablierung im Rahmen der Gremien der beiden Organisationen hinarbeiteten, zählten die Herren Wöltje, Norddeutscher Lloyd, als damaliger Sprecher der Reedereien und Herr Kipfmüller, damaliger Ehrenvorsitzender des DRV, sowie Herr Hasselbach, Berlin, als Vorstandsmitglied des DRV.

Zu Beginn der 60er Jahre wurden überwiegend die aus dem Verkauf von Schiffspassagen resultierenden Fragen erörtert wie Vereinfachung und Vereinheitlichung des Formularwesens, Vereinheitlichung der Freigepäckgrenzen und effektivere Gestaltung der Ein- und Ausschiffung. Die damals noch in weitem Maße fehlende Konkurrenz des Flugzeuges auf dem Nordatlantik bedingte die hohe Bedeutung des Schiffes als Reiseverkehrsmittel mit der Wichtigkeit aller damit im Zusammenhang stehenden Fragen. Interessant ist, daß sich diese damals für den Bereich Schiffahrt skizzierten Probleme heute in vergleichbarer Weise auch für den Luftverkehr stellen und in den nunmehr hierfür zuständigen Gremien behandelt werden.

Um Schiffsreisen in Form von Kreuzfahrten einer breiteren Öffentlichkeit zu erschließen, versuchte man durch Einführung von touristischen Tarifen auf Linienverbindungen Reiseveranstaltern die Möglichkeit zum Auflegen von Pauschalarrangements zu erschließen, ohne daß das Risiko des Vollcharters eines Schiffes beim Reiseveranstalter lag — eine Lösung, vergleichbar den heutigen IT-Flugpauschalreisen mit Linienluftverkehrsgesellschaften.

Agenturfragen stellten einen weiteren Schwerpunkt in der Arbeit des Ausschusses dar. Schon damals forderte man höhere Provisionssätze, um der gestiegenen Kostenentwicklung Rechnung tragen zu können. Auch der Vertrieb über andere Kanäle als das Reisebürogewerbe bzw. Sonderkonditionen für bestimmte Unternehmen/Organisationen/Behörden waren keine unbekannten Sachverhalte. Von Anfang an wurde seitens des DRV die Forderung erhoben, daß auf den Vertriebsweg „Reisebüro" in allen Publikationen des SPKD hingewiesen werden sollte, was von Zeit zu Zeit zu lebhaften Diskussionen im Ausschuß führte.

Mit dem Rückgang der Bedeutung des Schiffes als Transportmittel und wachsender Nachfrage durch Kreuzfahrten, traten die den Veranstalterbereich berührenden Fragen in den Vordergrund. Anfang der 70er Jahre behandelte man diese Angelegenheiten für kurze Zeit in einem eigenen Kontaktkreis „Seetouristik", jedoch zeigte es sich bald als zweckmäßig, beide Gremien zusammenzubringen und dort die Gesamtproblematik zu erörtern. Schwerpunkte wurden nunmehr Fragen der Veranstalterhaftung, insbesondere nachdem die Arbeiten am Reisevertragsgesetz in den politischen Gremien sowie bei den Behörden aufgenommen worden waren und erste Entwürfe vorlagen. In diesem Zusammenhang sind ferner die Allgemeinen Reisebedingungen von Schiffsreiseveranstaltern und Reedereien zu sehen, deren Details ebenfalls besprochen und abgestimmt wurden.

Eine gewisse Brisanz lag — und liegt — im Thema „Leserreisen". Seitens der Mittler befürchtet man, daß durch entsprechende Aktivitäten der Zeitungen ihnen Kunden entzogen werden, wohingegen die Reedereien hier ein zusätzliches Geschäft erblicken. Aus der Sicht des DRV wurde stets betont, daß Leserreisen auch über die Reisebüros verkauft werden müßten bzw. zweckmäßigerweise die entsprechenden Zeitungen sich bei Organisation und Durchführung entsprechender Programme mit Reiseveranstaltern zusammentun.

Ein allgemein akzeptiertes Resultat wurde mit der Erarbeitung des Mustercharterverteages Schiffahrt erreicht. Hiermit gelang es, alle Deutschland anfahrenden Reedereien auf einen verbindlichen Vertragstext festzulegen, so daß individuelle Lösungen seitens der Reiseveranstalter mit den einzelnen Reedereien entfallen konnten. In Auswirkung des Reisevertragsgesetzes wurde hierin weiterhin eine Freistellungsklausel eingebaut, welche die Haftung im Falle von Leistungsstörungen aus dem Bereiche der Reedereien regelt. Um Reisemittler, die lediglich Fährschiffspassagen vermitteln, bei Leistungsstörungen freizustellen, wurde ebenfalls eine Freistellungserklärung für diesen speziellen Bereich entwickelt, die von den einzelnen Reedereien gegenüber dem DRV abgegeben werden sollte. Diese Angelegenheit ist bisher jedoch noch nicht endgültig abgeschlossen.

Mit Einführung des START-Systems Ende der 70er Jahre stellte sich auch für den Schiffahrtsbereich die Frage, inwieweit eine Beteiligung hieran erfolgen könnte und welche Angebote wie auf dem Bildschirm darzustellen sind. Diese Arbeiten wurden und werden kontinuierlich fortgeführt mit dem Ergebnis, daß seit Januar 1984 deren DER-Schiffahrtsschein über START buchbar ist. Es besteht begründete Hoffnung, daß nunmehr nach und nach die wichtigsten Reedereien sich diesem System anschließen, so daß hiermit das Reisebüro eine vereinfachte Zugriffsmöglichkeit vorfindet. In diesem Zusammenhang ist ferner die Entwicklung von Bildschirmtext zu sehen, die jedoch noch am Anfang steht. Aus der Sicht des DRV ist es bei Wertung der entsprechenden Möglichkeiten wichtig, daß auch weiterhin der Vertriebsweg „Reisebüro" für die Reedereien beibehalten wird. BTX kann hier unter Umständen eine verbesserte Kommunikationsform zwischen Produzent und Vertrieb geben.

Es ist begrüßenswert, daß im Ausschuß verschiedene Publikationen erarbeitet werden konnten, die den Reisebüros als Verkaufshilfe an die Hand gegeben wurden. Hierzu zählen die Fährschiffskarte des SPKD sowie die Ordner, in denen die Programme der auf dem deutschen Markt agierenden Reedereien zusammengefaßt sind und bei Erscheinen neuer Kataloge aktualisiert werden. In diesem Zusammenhang ist auch das Lehrbuch Schiffahrt zu sehen, wofür gemäß übereinstimmender Auffassung der Branche ein gewisser Bedarf besteht. Dies wird eine der Arbeiten sein, die in den kommenden Jahren vorrangig aufzunehmen sind.

Aus der Sicht des DRV kann die Zusammenarbeit mit dem Seepassage Komitee Deutschland als positv gewertet werden. Die relativ geringe Zahl von Reedereien bzw. Schiffsreiseveranstaltern vereinfacht die Behandlung von anstehenden Problemen sowie das Erarbeiten von Lösungsmöglichkeiten. Beide Seiten gehen übereinstimmend davon aus, daß die Kooperation auch in den kommenden Jahren, trotz sicherlich auftretender Probleme, in diesem Sinne weitergeführt werden kann.

Die Willy Scharnow-Stiftung hat bereits zu Beginn ihrer Tätigkeit im Jahre 1958 einen Schulungskursus „Verkehrsmittelkunde" in Jesteburg durchgeführt und zwar mit 76 Teilnehmern, bei dem die Schiffahrt die Hauptrolle spielte. Dieser Kursus fand jährlich statt und wurde vom Jahre 1966 an nach Osterholz-Scharmbeck verlegt. Dort wurde er für „Seeschiffahrt" reserviert. Vom Jahre 1971 an fand dieser Kursus in Bremen, 1974 in Travemünde und ab 1975 in Hamburg statt. Schon im Jahre 1965 führte die Stiftung eine Studienreise mit TS Hanseatic durch, die 1969 wiederholt wurde. Im Jahre 1971 folgte ein Seeschiffahrtskursus an Bord der TS Bremen. Vom Jahre 1974 an folgten regelmäßig Kurse an Bord von Kreuzfahrtenschiffen und auf Fährschiffen. Im Jahre 1981 ist als Besonderheit im Februar ein Seeschiffahrtskursus auf der Finnjet Travemünde —Helsinki — Travemünde durchgeführt worden, der in späteren Jahren wiederholt worden ist.

Das SPKD ist der Partner der Stiftung. Die Zusammenarbeit hat sich in den vielen Jahren sehr bewährt. Die Stiftung dankt hierfür dem SPKD.

Spanien-Fährdienst
TRASMEDITERRANEA

Fährverbindungen

Barcelona } Palma, Ibiza,
Valencia   } Mahon und v. v.

Sète – Palma – Ibiza und v. v.

Cadiz   Kanarische Inseln
           und v. v.

Generalagentur für Deutschland: Melia Reisebüro GmbH,
Große Bockenheimer Straße 54, 6000 Frankfurt 1,
Tel.: 069/29 53 03, Telex: 4 14 083 melia d

Seepassage-Komitee Deutschland **Mitgliederverzeichnis**

A

Adriatica N. S.p.A., di Navigazione, Venedig
GV: Seetours International GmbH & Co KG
Weißfrauenstraße 3, 6000 Frankfurt/M.
Tel.: 069/1 33 31, Telex: 4 13 836

ANEK-Cretan Maritime Company S.A., Chania
GV: Geo Reisen GmbH
Eschersheimer Landstraße 69, 6000 Frankfurt/M.
Tel.: 069/55 04 01, Telex: 41 89 588

B

Baltic Shipping Company, Leningrad
GV: Transocean Passagierdienst GmbH
Postfach 10 09 07, 2800 Bremen 1
Tel.: 0421/32 80 01, Telex: 2 44 362

British & Irish Steam Packet Company Ltd., Dublin
GV: J. A. Reinecke
Hohe Bleichen 11, 2000 Hamburg 36
Tel.: 040/35 19 51, Telex: 2 11 545

C

Chandris Cruise Lines, Piräus
GV: Odysseus Reisen GmbH
Kaiserstraße 22, 6000 Frankfurt/M.
Tel.: 069/29 30 88, Telex: 4 14 211

Compagnie des Croisières Paquet, Paris
Nouvelle Comp. de Paquebots, Marseille
GV: Seetours International GmbH & Co KG
Weißfrauenstraße 3, 6000 Frankfurt/M.
Tel.: 069/1 33 31, Telex: 4 13 836

Compania Trasmediterranea S.A., Madrid
GV: Melia Reisebüro GmbH
Große Bockenheimer Straße 54, 6000 Frankfurt/M. 1
Tel.: 069/29 53 03, Telex: 4 14 083

CTC Lines, London
GV: Seetours International GmbH & Co KG
Weißfrauenstraße 3, 6000 Frankfurt/M.
Tel.: 069/1 33 31, Telex: 4 13 836

Cunard/NAC, London
Cunard/NAC
Neuer Wall 54, 2000 Hamburg 36
Tel.: 040/3 61 20 50, Telex: 2 12 004

D

Dänische Staatsbahnen, Kopenhagen
GV: Reisebüro NORDEN
Ost-West-Straße 70, 2000 Hamburg 11
Tel.: 040/36 32 11, Telex: 2 13 055

Peter Deilmann
Am Hafensteig 19
2340 Neustadt/H.
Tel.: 04561/60 41-44
tx: 26 12 25

DFDS SEAWAYS, Kopenhagen
DFDS (Deutschland) GmbH
Jessenstraße 4, 2000 Hamburg 50
Tel.: 040/38 90 30, Telex: 21 61 759

DFDS PRINZENLINIEN, Kopenhagen
DFDS (Deutschland) GmbH
Jessenstraße 4, 2000 Hamburg 50
Tel.: 040/38 90 30, Telex: 21 61 759

E

Epirotiki Lines, Piräus
Epirotiki Lines
Johnsallee 8, 2000 Hamburg 13
Tel.: 040/44 30 32, Telex: 2 162 340

F

Finnjet-Line, Helsinki
Dornestraße 56-58, 2400 Lübeck
Tel.: 0451/88 10, Telex: 2 6 272

Fragline, Athen
GV: Melia Reisebüro GmbH
Große Bockenheimer Straße 54, 6000 Frankfurt/M. 1
Tel.: 069/29 53 03, Telex: 4 14 083

Fred. Olsen Cruises, London
GV: Seetours International GmbH & Co KG
Weißfrauenstraße 3, 6000 Frankfurt/M.
Tel.: 069/1 33 31, Telex: 4 13 836

Fred Olsen Bolero Cruises, Kristiansand
GV: Norwegische Schiffahrts-Agentur GmbH
Kl. Johannisstraße 10, 2000 Hamburg 11
Tel.: 040/36 13 61, Telex: 2 13 907

Fred. Olsen Lines — Skagerak-Expressen, Kristiansand
GV: Norwegische Schiffahrts-Agentur GmbH
Kl. Johannisstraße 10, 2000 Hamburg 11
Tel.: 040 / 36 13 61, Telex: 2 13 907

G

Gedser-Travemünde Ruten GmbH, Gedser
Gedser-Travemünde Ruten GmbH
Skandinavienkai, 2400 Lübeck-Travemünde
Tel.: 04502 / 60 41, Telex: 2 61 410

Grandi Traghetti S.p.A. di Navigazione, Genua
GV: Deutsches Reisebüro GmbH, Direktion
Eschersheimer Landstraße 25-27, 6000 Frankfurt / M.
Tel.: 069 / 1 56 63 44, Telex: 41 529 252

H

Hapag-Lloyd Aktiengesellschaft Hamburg / Bremen
Hapag-Lloyd Kreuzfahrten GmbH
Postfach 107947, Gustav-Deetjen-Allee 2 / 6,
2800 Bremen
Tel.: 0421 / 3 50 01, Telex: 2 46 691-25

Hellenic Mediterranean Lines, Piräus
GV: Viamare GmbH
Apostelnstraße 14-18, 5000 Köln 1
Tel.: 0221 / 23 49 14, Telex: 8 883 423

Holland-Amerika Line, Seattle
GV: Seetours International GmbH & Co KG
Weißfrauenstraße 3, 6000 Frankfurt/M.
Tel.: 069 / 1 33 31, Telex: 4 13 836

Home Lines Inc., Panama
c/o Sté. Fiduciaire Maritime,
Route de Chailly 1, CH-1814 La Tour de Peilz/Schweiz
Tel.: 021 / 54 24 36, Telex: 4 52 146

I

Intercruise Ltd., La Palma Cruises, Piräus
GV: MTA, Mittelmeer Touristik Agentur
Eisenmannstraße 4, 8000 München 2
Tel.: 089 / 26 50 31, Telex: 5 29 706

J

Jadrolinija-Jadranska Linijska Plovibda, Rijeka
GV: Deutsches Reisebüro GmbH, Direktion
Postfach 26 71, 6000 Frankfurt/M.
Tel.: 069 / 1 56 63 42, Telex: 41 529 252

Jahre Line, Oslo
Jahre Line GmbH
Postfach 2646, Oslokai, 2300 Kiel 1
Tel.: 0431 / 9 12 81, Telex: 2 92 721

K

M.A. Karageorgis Lines Ltd., Piräus
GV: Hellas-Orient-Reisen
Kaiserstraße 11, 6000 Frankfurt / M.
Tel.: 069 / 29 80 90, Telex: 4 12 615

„K" Lines-Hellenic Cruises, Piräus
GV: MTA Mittelmeer Touristik Agentur
Eisenmannstr. 4, 8000 München 2
Tel.: 089 / 26 50 31, Telex: 5 29 706

L

Larvik Line, A/S Larvik-Fredrikshavnferjen, Oslo
GV: Reisebüro NORDEN
Ost-West-Straße 70, 2000 Hamburg 11
Tel.: 040 / 36 32 11, Telex: 2 13 055

Lesvos Maritime Company, Mytilini
GV: Viamare GmbH
Apostelnstraße 14-18, 5000 Köln 1
Tel.: 0221 / 23 49 14, Telex: 8 883 423

Libra Maritime Co. Ltd., Piräus
GV: Karl Geuther & Co.
Heinrichstraße 9, 6000 Frankfurt / M.
Tel.: 069 / 73 04 71, Telex: 4 14 331

M

Med. Sun Lines Ferry Ltd., Piräus
GV: Aphrodite-Kreuzfahrten & Touristik GmbH
Weinstraße 6, 8000 München 2
Tel.: 089 / 22 27 15, Telex: 5 28 040

Minoan Lines, Heraklion
GV: Seetours International GmbH & Co KG
Weißfrauenstraße 3, 6000 Frankfurt / M.
Tel.: 069 / 1 33 31, Telex: 4 16 205

Miura Line, Genua
GV: Viamare GmbH
Apostelnstraße 14-18, 5000 Köln 1
Tel.: 0221 / 23 49 11, Telex: 8 883 423

N

NAV.AR.MA. S.p.A., Neapel
GV: Seetours International GmbH & Co KG
Weißfrauenstraße 3, 6000 Frankfurt / M.
Tel.: 069 / 1 33 32 62, Telex: 4 13 836

Nordisk Faergefart A/S — Faaborg Gelting Linien, Faaborg
Nordisk Faergefart A/S
DK-5600 Faaborg
Tel.: 00459 / 61 18 43, Telex: 5 0 300

North Sea Ferries (Nordzee Veerdiensten) B.V.
Postbus 1123, NL-3180 AC Rozenburg ZH
Tel.: 01819-62077, Telex: 2 6 571

Norwegian Caribbean Lines, Oslo
Buchenbuschweg 3, 6384 Schmitten 6
Tel.: 06084 /5 66, Telex: 4 15 374

O

Olau-Line (U.K.) Ltd. & Co., Hamburg
Mattentwiete 8, 2000 Hamburg 11
Tel.: 040 / 3 60 14 52, Telex: 2 15 185

P

P & O Cruises, London
GV: Seetours International GmbH & Co KG
Weißfrauenstraße 3, 6000 Frankfurt / M.
Tel.: 069 / 1 33 31, Telex: 4 13 836

P & O Ferries
GV: J. A. Reinecke
Hohe Bleichen 11, 2000 Hamburg 36
Tel.: 040 / 35 19 51, Telex: 2 11 545

Polish Baltic Shipping Co., Kolobrzeg
GV: Poseidon Schiffahrt oHG.
Gr. Altefähre 20/22, 2400 Lübeck
Tel.: 0451 / 15 07-0, Telex: 2 6 770

R

Royal Caribbean Cruise Line, Oslo
GV: Seetours International GmbH & Co KG
Weißfrauenstraße 3, 6000 Frankfurt / M.
Tel.: 069 / 1 33 31, Telex: 4 13 836

Royal Viking Line, San Francisco
GV: Seetours International GmbH & Co KG
Weißfrauenstraße 3, 6000 Frankfurt / M.
Tel.: 069 / 1 33 31, Telex: 4 13 836

S

Safmarine, Kapstadt
GV: Globus-Reederei GmbH
Palmaille 55, 2000 Hamburg 50
Tel.: 040/3 89 51 21-22, Telex: 2 161 299

Sealink U.K. Ltd., London
GV: A.D. Cole
c/o British Rail
Neue Mainzer Straße 22, 6000 Frankfurt / M.
Tel.: 069 / 23 23 81, Telex: 4 16 421

Silja Line, Turku
TT-Saga-Line
Mattentwiete 8, 2000 Hamburg 11
Tel.: 040 / 3 60 13 43, Telex: 2 14 092

Siosa Line, Neapel
GV: Seetours International GmbH & Co KG
Weißfrauenstraße 3, 6000 Frankfurt / M.
Tel.: 069 / 1 33 31, Telex: 4 13 836

Smyril Line, Torshavn
GV: J. A. Reinecke
Hohe Bleichen 11, 2000 Hamburg 36
Tel.: 040 / 35 19 51, Telex: 2 11 545

Société Nationale Maritime Corse Mediteraanée (SNCM), Marseille
GV: Karl Geuther & Co.
Heinrichstraße 9, 6000 Frankfurt / M.
Tel.: 069 / 73 04 71, Telex: 4 14 331

SOL Maritime Services Ltd., Limassol
GV: MTA, Mittelmeer Touristik Agentur
Eisenmannstraße 4, 8000 München 2
Tel.: 089 / 26 50 31, Telex: 5 29 706
GV: Viamare GmbH
Apostelnstraße 14-18, 5000 Köln 1
Tel.: 0221 / 23 49 14, Telex: 8 883 423

Stena Line Kiel-Göteborg, Göteborg
Schweden-Kai, 2300 Kiel 1
Tel.: 0431 / 90 90, Telex: 2 92 453

Strintzis, Piräus
GV: Viamare GmbH
Apostelnstraße 14-18, 5000 Köln 1
Tel.: 0221 / 23 49 14, Telex: 8 883 423

Sun Line, Athen
GV: Intermaris Kreuzfahrten GmbH
Herzog-Wilhelm-Straße 1/V, 8000 München 2
Tel.: 089 / 2 60 40 21, Telex: 5 29 744

T

Tirrenia di Navigazione, Neapel
GV: Karl Geuther & Co.
Heinrichstraße 9, 6000 Frankfurt / M.
Tel.: 069 / 73 04 75, Telex: 4 14 331

TT-SAGA-Line, Hamburg
Mattentwiete 8, 2000 Hamburg 11
Tel.: 040 / 3 60 14 52, Telex: 2 15 185

V

Vaasanlaivat OY, Vaasa
GV: Gedser-Travemünde Ruten GmbH
Skandinavienkai, 2400 Lübeck-Travemünde
Tel.: 04502 / 60 41, Telex: 2 61 426

Viking Line, Mariehamn
GV: Stena Line
Schweden-Kai, 2300 Kiel 1
Tel.: 0431 / 90 90, Telex: 2 92 453

Z

Zeeland Steamship Company, Hoek van Holland
GV: Zeeland, Niederländische Dampfschiffahrtsges.
Schildergasse 84, 5000 Köln 1
Tel.: 0221 / 23 14 34, Telex: 8 881 246 smz d

GV: Anschrift der Deutschland-Niederlassung bzw. Generalvertretung (Stand: Januar 1985)

Cunard & NAC, London

Cunard Line Ltd., London, gegründet 1840, ist eine Tochterfirma von Trafalgar House Investments Ltd., London. Die Reederei, die in Kontinental-Europa von Hamburg aus unter CUNARD/NAC operiert, hat 5 Kreuzfahrtschiffe im weltweiten Einsatz: QUEEN ELIZABETH 2 (67 139 BRT), einziges Passagierschiff auf dem Atlantik, VISTAFJORD (25 000 BRT): Mittel-/Schwarzmeer, Nordsee/Ostsee, Karibik. SAGAFJORD (24 000 BRT): Fernost, Karibik, Südpazifik sowie CUNARD COUNTESS und CUNARD PRINCESS (je 17 500 BRT): Karibik, Mexiko, Alaska.

Safmarine, Kapstadt

Die Safmarine wurde im Jahre 1947 in Südafrika gegründet und eröffnete verschiedene Liniendienste. Aus diesen bescheidenen Anfängen wuchs die Safmarine nicht nur zur größten Reederei Südafrikas, sondern auch zu einem internationalen Konzern.
1983 entschied der Vorstand der Safmarine eine weitere Diversifikation auf dem Gebiet des Tourismus. Erworben wurden, neben der „Astor", die Hotelgruppe „Sun-International" und zwei Reisebüroketten in Südafrika.
Die Globus Reederei GmbH, Hamburg, ist eine 100-%-Tochter der Safmarine.

Jadrolinija-Jadranska Linijska Plovibda, Rijeka

Die Firma wurde 1922 gegründet, im 2. Weltkrieg stillgelegt, 1947 neu gegründet. Regelmäßige Fährdienste mit 50 Schiffen zwischen der Küste und den jugoslawischen Inseln – Italien- und Griechenland-Kreuzfahrten auf allen Weltmeeren.

Gedser-Travemünde Ruten GmbH, Gedser

Der norwegische Reeder Ragnar Moltzau richtete am 1. Juni 1963 eine Fährverbindung zwischen Gedser und Travemünde ein. Ein großer Teil der Reisenden ist vor der Weiterfahrt auf deutschen Autobahnen – bzw. in der anderen Richtuntg auf dänischen Straßen – zum Urlaubsziel an einer dreistündigen Fährfahrt interessiert.
Die neue Fähre TRAVEMÜNDE wird seit Juni 1981 auf dieser Route eingesetzt.

NAV. AR. MA, Neapel

Während es verständlicherweise gute staatlich unterstützte Fährschiff-Verbindungen von Frankreich und Italien zu ihren jeweiligen Inseln im Thyrrhenischen Meer gibt, sorgt dort die in Neapel ansässige Reederei Nav.Ar. Ma für internationalen Verkehr. Sie bedient die Linie vom italienischen Livorno an der Ligurischen Küste nach Bastia auf dem französischen Korsika. Im Hochsommer kommt dann noch die Route Piombino – Bastia hinzu.

Sun Line, Athen

SUN LINE Kreuzfahrten, Qualitätskreuzfahrten seit 10 Jahren in Deutschland durch INTERMARIS KREUZFAHRTEN GmbH vertreten. Hauptsächliche Fahrtgebiete der STELLA SOLARIS (Foto): Von März bis Oktober Griechenland, Ägäische See, Ägypten, Israel und Türkei. Wöchentliche Kreuzfahrten ex Piräus. Im Winter Karibik-Kreuzfahrten, von Dezember bis März mit abwechselnden Routen nach Brasilien (Rio), Amazonas und Panamakanal.

Baltic Shipping Company, Leningrad

Seit 18 Jahren ist die Baltic Shipping Company aus Leningrad auf dem deutschen Markt tätig und Mitglied im Seepassage-Komitee. Bekannte Kreuzfahrtschiffe wie die MIKHAIL LERMONTOV, die KALININ und die ESTONIA (Foto) gehören zur Flotte dieser großen Reederei. Unter dem Motto „Meer erleben" bietet der Veranstalter Transocean Tours Reisen auf diesen Schiffen an.

Epirotiki Lines, Piräus

Epirotiki Lines besitzt heute neun Schiffe verschiedener Größe von 200 bis 750 Betten. Diese Schiffe sind aufgrund gezielter Pläne gestaltet, um modernen Komfort, elegante Ausstattung und Gleichartigkeit zu garantieren. Von den jetzt neun Schiffen sind die Hälfte auf den Kreuzfahrten zu den Griechischen Inseln eingesetzt, die andere Hälfte auf besonderen Kreuzfahrten, entweder in Charter oder in Zusammenarbeit mit renommierten Reiseveranstaltern, die in der ganzen Welt ausgewählte Kunden betreuen.

Siosa Line, Neapel

Die Reedereigruppe GRIMALDI SIOSA, kurz nach dem 2. Weltkrieg gegründet, wurde sehr schnell eine der führenden privaten italienischen Schifffahrtsgesellschaften. Es war die SIOSA LINE, die mit einem neuen Kreuzfahrtkonzept – genannt „Die Perlen des Mittelmeers" – einwöchige Kreuzfahrten auf gleicher Route herausbrachte.
Vom Frühjahr bis Ende Oktober werden im westlichen Mittelmeer die Häfen Genua–Barcelona–Palma de Mallorca–Tunis–Palermo–Capri–Genua nunmehr mit T/S AUSONIA (Foto) angelaufen.

Chandris Lines – Chandris Cruises, Piräus

SS AMERIKANIS (12 795 BRT, 650 Betten) von Miami, SS BRITANIS (18 153 BRT, 1050 Betten) von Jamaika, SS GALILEO (Foto, 18 630 BRT, 1100 Betten) von Miami, SS THE VICTORIA (11 542 BRT, 600 Betten) ab San Juan in der karibischen See. Ausgangspunkt für die Fahrten der MV ROMANZA (10 480 BRT, 600 Betten) durch die griechische Inselwelt ist Venedig. Auf diesen Fahrten bieten sich Unterbrechungsmöglichkeiten für Badeaufenthalte in den Chandris-Hotels. Im östlichen Mittelmeer kreuzt ab Genua die ACHILLE LAURO (24 000 BRT, 950 Betten) – in Kooperation mit FLOTTA LAURO.

Fred. Olsen Lines – Skagerak-Expressen, Kristiansand

In der Passagierschiffahrt stellt die von Fred. Olsen Lines betriebene Fährverbindung zwischen Norddänemark und Südnorwegen einen Schwerpunkt dar: Diese seit Anfang der 60er Jahre betriebene Verbindung hat im Sommer 1984 715 000 Passagiere befördert. Darunter sind rund 130 000 deutsche Passagiere. Mit den drei Schiffen MS BOLERO, 10 600 BRT, MS BORGEN, 9 000 BRT und MS BOLETTE, 6 000 BRT, können in der Hochsaison bis zu 20 000 Passagiere pro Tag befördert werden.

Hapag-Lloyd AG, Kreuzfahrten, Hamburg/Bremen

Die Hapag und der Norddeutsche Lloyd (1857 gegründet) fusionierten im Jahre 1970 zur Hapag-Lloyd AG mit Sitz in Hamburg und Bremen.
Derzeit verfügt die Hapag-Lloyd AG mit MS EUROPA (der fünften ihres Namens) mit einer Größe von 33 819 BRT, einer Länge von 200 Metern und einer Kapazität von 600 Fahrgästen über ein Kreuzfahrtschiff, das in jeder Weise den Ansprüchen eines gehobenen Publikums gerecht wird.

Dänische Staatsbahnen, Kopenhagen

Die ersten Autos wurden 1898 auf einem Eisenbahnwaggon über den Großen Belt befördert. Die erste Statistik wurde 1923–24 geführt mit einer Überführungszahl von 23 000 Pkw – 1983 wurden ca. 1 600 000 Autos auf dieser Route gezählt. Die Passagierzahlen betrug im ersten Jahr stolze 132 000 und 1983 knapp 10 000 000.
Die Fährschiffreederei DSB setzt heute 29 Fähren auf neun Routen ein. Hinzu kommen die Tochtergesellschaft Bornholmstrafiken und die Schnellboote über den Öresund. Insgesamt werden jährlich über 30 000 000 Passagiere und 3 000 000 Pkw befördert.

P&O Ferries

Im Fährverkehr sind P&O Ferries auf den Routen Boulogne–Dover und Le Havre–Southampton mit einer kurzen Fahrtdauer und einer Linie mit Ausruhcharakter über den Ärmelkanal tätig, sowie mit den Fährverbindungen nach den Orkney-Inseln und Shetland-Inseln vertreten. Neben Kombi-Tarifen mit der B+I Line nach Irland bietet sich im Zusammenhang mit der Smyril Line eine reizvolle Variante für die Weiterfahrt nach den Färöer Inseln bzw. Island an.

P&O Cruises, London

Die Reederei mit dem früher stattlichen Namen The Peninsular & Oriental Steam Navigation Company (London) gehört zu den traditionsreichsten Schiffahrtsgesellschaften der Welt. Unter diesem Titel war sie jahrzehntelang auf die Linienfahrt nach dem Fernen Osten und Australien spezialisiert, ehe auch sie in den siebziger Jahren auf die Kreuzfahrt umstieg und sich die kürzere Bezeichnung P & O Cruises zulegte. Unter dieser betreibt sie einige der elegantesten Passagierschiffe der internationalen Flotte.

Grandi Traghetti Navigazione, Genua

Seit 1970 verkehrt die GRANDI TRAGHETTI im Mittelmeer mit verschiedenen Schiffstypen und bietet verschiedene Möglichkeiten zur Beförderung von Passagieren, Pkw, Lkw usw. an. Im besonderen bietet die GRANDI TRAGHETTI eine kombinierte Pkw/Lkw-Fähre ganzjährig an: Genua–Palermo–Genua dreimal wöchentlich Abfahrten, Livorno–Palermo–Livorno dreimal wöchentlich Abfahrten. Pkw-Fähre Juli bis September: Genua-Porto Torres–Genua fünfmal wöchentlich Abfahrten.

Finnjet-Line, Helsinki

Seit Mai 1977 ist die FINNJET der Reederei Finnjet-Line zwischen Travemünde und Helsinki im Einsatz. Während dieser Zeit sind die jährlichen Passagierzahlen von etwa 70 000 auf über 200 000 gestiegen. Die 24 600 BRT große FINNJET bietet Platz für 1 544 Passagiere und 350 Pkw. In den Sommermonaten bewältigt das mit Gasturbinen betriebene Schiff die Strecke nach Helsinki in 22 Stunden.
FINNJET hat sich zum Tagungsschiff entwickelt: Modernste Konferenz-Einrichtungen für 400 Personen stehen zur Verfügung.

M. A. Karageorgis Lines Ltd., Piräus

1972 wurde die „M.A. Karageorgis Lines Ltd." gegründet, die mit Autofähren und anderen touristischen Leistungen den Griechenlandtourismus forciert. Im Kreuzfahrtengeschäft erwarb man von der Swedisch American Lines den Luxusliner „Gripsholm", der fünf Jahre lang als „Navarino" Kreuzfahrten gehobenen Standards durchführte.
Heute verfügt die Reederei über drei weitere große Fährschiffe: F/B Mediterranean SEA (16 000 BRT, 900 Passagiere), F/B Mediterranean SKY (16 000 BRT, 840 Passagiere), F/B Mediterranean STAR (18 660 BRT, 1200 Passagiere), die Griechenland (Patras) und Italien (Ancona) verbinden.

Zeeland Steamship Company, Hoek van Holland

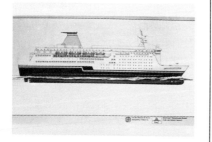

1985 blickt die traditionsreiche Reederei STOOMVAART MATSCHAPPIJ ZEELAND auf 110 Jahre Fährdienst zwischen den Niederlanden und Großbritannien zurück.
Vom Heimathafen Hoek van Holland betreibt die niederländische Reederei zusammen mit ihrem britischen Partner seit Jahren mit modernen RoRo-Schiffen die Fährroute Hoek van Holland – Harwich. Im September 1984 hat Mij Zeeland eine Jumbo-Fähre bestellt, die 1986 ihren Dienst aufnehmen wird.

Smyril Line, Torshavn

Smyril Line mit ihren zahlreichen Fährverbindungen über den Nordatlantik garantiert den Freunden des Nordens etwas ganz Besonderes.
Eine Fahrt auf der von der färingischen Reederei betriebenen NORRÖNA bringt Sie von Dänemark (Hanstholm) bis in das weit entfernte Island, die wohl ausgefallenste dieser Destinationen. So bietet sich insbesondere für Englandinteressierte eine reizvolle Kombination mit den P&O Ferries für die Weiterfahrt von Lerwick zum schottischen Festland an.

DFDS Prinzenlinien/ DFDS Seaways, Kopenhagen

Komfort, Klasse und das Know-how einer großen Fährlinie mit Tradition haben DFDS PRINZENLINIEN/DFDS SEAWAYS zum erfolgreichen Carrier auf den Nordlinien werden lassen.
Die „weiße DFDS-Flotte" verbindet mit modernsten Passagierschiffen den Kontinent mit Großbritannien, Norwegen und den Färöer-Inseln.

North Sea Ferries B.V.

MS NORLAND/NORSTAR (12 988 BRT) – diese 1974 in Dienst gestellten Schiffe fahren unter britischer bzw. holländischer Flagge. An Bord ist Platz für 1243 Passagiere und 500 Personenwagen. Die Dienstgeschwindigkeit beträgt 18 ½ Knoten.
MS NORWAVE/NORDWIND (4 000 BRT) – diese 1965 und 1966 gebauten Schiffe haben Platz für 249 Passagiere und 70 Personenwagen. Die Dienstgeschwindigkeit beträgt 16 Knoten.

Olau-Line, Hamburg

1975 eröffnete die damals noch dänische Reederei Olau-Line ihren Fährdienst über den englischen Kanal von Vlissingen (Holland) nach Sheerness (England). Im ersten Jahr wurden bereits 226 000 Passagiere, 37 000 Pkw und 13 000 Lkw befördert. Nach der Übernahme durch die Partner der Hamburger TT-Linie im Jahr 1978 (50 %) bzw. 1979 (100 %) wurden zwei neue, eigene Jumbo-Fährschiffe in Dienst gestellt: OLAU HOLLANDIA (15 000 BRT) und die OLAU BRITANNIA (15 000 BRT).

Stena-Line, Göteborg

Modernste Hochseefähren auf der Route Frederikshavn-Göteborg. Es ist geplant, für die Hauptsaison zusätzliche Kapazitäten einzusetzen.
Die Routen Kiel–Göteborg, Frederikshavn–Oslo und Frederikshavn–Göteborg bringen weiterhin steigende Umsätze. Durch separate Passage- und Produktpreise kann jeder Urlauber individuelle Reiseprogramme zusammenstellen und somit auch die für ihn günstigste oder bequemste Anreise wählen.

Fred. Olsen Cruises, London

Die norwegischen Fred. Olsen Lines gehen auf das Jahr 1848 zurück, als der Kapitän Fredrik Christian Olsen die beiden Schoner JOHANNE CHRISTINE und ELIZABETH kaufte. Als er 1875 starb, besaß er 22 Segelschiffe. Auf dieser Grundlage entwickelte sich eine bedeutende Frachtschiffreederei, wobei die Namen ihrer Einheiten traditionell mit einem B beginnen. Auf dem deutschen Kreuzfahrtmarkt wurden die Fred. Olsen Lines vor allem durch die winterlichen Turnusreisen der MS BLACK PRINCE von Rotterdam nach Madeira und den Kanarischen Inseln bekannt.

TT-Saga-Line, Hamburg

Am 28.3.1962 legte die erste NILS HOLGERSSON der TT-Linie vom neu erbauten Skandinavienkai in Travemünde ab. Im ersten Jahr wurden 68 000 Passagiere, 18 000 Pkw und 500 Lkw befördert. Mittlerweile ist das jährliche Verkehrsaufkommen der TT-Saga-Line auf der Route von Travemünde nach Trelleborg auf rund 700 000 Passagiere, 125 000 Pkw und 100 000 Lkw und Trailer angewachsen. Seit 1981 kooperieren die deutsche TT-Linie und die schwedischen Saga-Linjen unter dem gemeinsamen Namen TT-Saga-Line.

Silja Line Turku

Die schwedisch-finnische Silja Line wurde 1957 gegründet. Das Engagement ihrer Eigner im Passagierverkehr zwischen Schweden und Finnland geht bereits zurück ins 19. Jahrhundert. Auf den Routen von Stockholm nach Helsinki und von Stockholm nach Mariehamn (Åland-Inseln) und Turku ist das Verkehrsaufkommen der Silja Line auf jährlich rund 1,6 Millionen Passagiere, 110 000 Pkw und 50 000 Lkw/Trailer angewachsen. Silja hat deshalb zwei neue Jumbo-Fährschiffe (rund 35 000 BRT) bestellt.

Jahre Line, Oslo

Die norwegische Reederei JAHRE LINE befährt die Route Kiel-Oslo-Kiel seit 1961 ganzjährig mit zwei modernen Großfährschiffen. MS KRONPRINS HARALD (13 000 BRT) und MS PRINSESSE RAGNHILD (16 000 BRT) verfügen über eine Kapazität für jeweils ca. 900 Passagiere und 400 bzw. 600 Autoplätze. Die Schiffe befahren eine traditionsreiche Strecke und haben ehrwürdige Ahnen. Schon 1847 verkehrte der norwegische Raddampfer NORDCAP regelmäßig zwischen Kristiania (heute Oslo) und Kiel.

Adriatica di Navigazione, Venedig

Während viele ehemalige Linienreedereien zur Kreuzfahrt übergewechselt sind, hat die in Venedig beheimatete Adriatica Navigazione den Wandel zur Hochseefährschiffahrt, also der neuen Art des Passagier-Liniendienstes, vollzogen. Moderne RoRo-Einheiten für die Beförderung von Personenautos und Lastwagen nebst Insassen verkehren zwischen Italien einerseits und Ägypten, Griechenland und Jugoslawien andererseits.

Compagnie des Croisières Paquet, Paris

Die COMPAGNIE DE NAVIGATION PAQUET, Marseille, war bis nach dem Zweiten Weltkrieg auf den Passagierverkehr zwischen Südfrankreich und den französischen Besitzungen spezialisiert. Konsequenterweise waren bis zum Ausbruch des Zweiten Weltkrieges 60 Prozent ihrer Passagiere Kolonialbeamte und Militärpersonal. Wie so vielen Linienreedereien gelang auch ihr in den siebziger Jahren der Wechsel zur reinen Kreuzfahrt unter dem neuen Namen Croisières Paquet.

Med. Sun Lines Ferry Ltd., Piräus

Kreuzfahrten in ungezwungener Atmosphäre bietet die in Piräus beheimatete Reederei mit ihrer MS ATALANTE (12 000 BRT). Im Frühjahr und Herbst fährt sie vierzehntägige Kreuzfahrten von Venedig aus ins östliche Mittelmeer bis nach Ägypten und Israel und im Sommer von Ancona aus siebentägige Turnuskreuzfahrten mit Unterbrechungsmöglichkeiten auf einer ägäischen Insel oder in der Türkei.

FRAGLINE, Athen

FRAGLINE, die griechischen Fährdienste, verbinden das italienische Festland mit Griechenland.
Die Zielhäfen Corfu, Igoumenitsa und Patras werden mit den Schiffen GEORGIOS und EOLOS, im Sommer täglich und im Winter mehrmals wöchentlich erreicht.
Beide Schiffe verfügen über Bars, Restaurants, Selfservice-Restaurants, Duty-free Shops und jedes dieser Schiffe kann 650 bis 700 Passagiere sowie ca. 200 Pkw unterbringen.

Sealink U. K. Ltd., London

Im Jahre 1970 wurde SEALINK gegründet – eine Fährgemeinschaft im Kanalverkehr betrieben von den britischen Eisenbahnen (heute Sealink U. K. Ltd.), den französischen Eisenbahnen (SNCF), der belgischen Seetransportverwaltung (RTM) und der niederländischen Reederei Zeeland (SMZ).
Sealink (40 Schiffe, bis zu 100tägliche Abfahrten) verfügt über Europas größte Fährflotte für Auto-, Passagier-, Fracht- und Bahnverkehr mit neun Routen vom Kontinent nach England, drei von England nach Irland sowie Fährdiensten zu den Kanalinseln.

British & Irish Steam Ltd., Dublin

B+I Line verbindet mit drei Routen Großbritannien und Irland und bietet im Zusammenhang mit den Kanalfähren ein großes Maß an Flexibilität. So kann der Irlandfahrer schon bei der Planung den für sich günstigsten Abgangshafen auf dem Festland auswählen. Man hat der Kostensituation Rechnung getragen und durch Kooperationsverträge der B+I Line mit den Reedereien P&O Ferries, North Sea Ferries, Olau Line und Townsend Thoresen eine insgesamt interessante Offerte geschaffen.

Royal Caribbean Cruise Line, Oslo

Die Royal Caribbean Cruise Line (RCCL) wurde 1970 von drei namhaften norwegischen Frachtschiffreedereien gegründet und hat sich ihrem Namen gemäß von Anfang an ausschließlich auf das Fahrtgebiet Karibik und überwiegend auf den amerikanischen Markt konzentriert. Ihre vier Einheiten MS SONG OF AMERICA, SONG OF NORWAY, NORDIC PRINCE und SUN VIKING (Foto) fahren nach nahezu allen touristisch bedeutenden Häfen in der Karibik.

Norwegian Carribbean Lines, Oslo

Mit ihren fünf Kreuzfahrtschiffen sind NCL die größte Kreuzfahrtreederei in der Karibik. Die Flotte setzt sich zusammen aus dem Flaggschiff SS NORWAY (70 202 BRT) und den 14 000 bis 16 000 BRT großen weißen Kreuzfahrtschiffen MS STARWARD, SKYWARD, SOUTHWARD und SUNWARD II.
250 000 Passagiere verlassen jährlich den Hafen von Miami zu 3-, 4- und 7-Tage-Kreuzfahrten in die Karibik, die allwöchentlich veranstaltet werden.

Minoan Lines, Heraklion

Im August 1960 wurde mit der MS EGNATIA der Hellenic Mediterranean Lines der Hochseefährverkehr auf der Route Brindisi – Korfu – Igoumenitsa aufgenommen. Inzwischen hat sich die bis Patras verlängerte Route zu einer „Rennstrecke" entwickelt, die von mehreren Reedereien bedient wird. Dazu gehören auch die in Piräus ansässigen und auf diesen Verkehrszweig spezialisierten Minoan Lines Shipping mit ihrer MS EL GRECO (Foto).

CTC Lines, London

Die in London ansässigen CTC Lines sind ein Veranstalter, der einen beträchtlichen Teil der sowjetischen Kreuzfahrtschiffe in Großbritannien vermarktet. Seetours International ist sein Partner für die Bundesrepublik Deutschland. CTC ist es zu verdanken, daß in den letzten Jahren einige der sowjetischen Einheiten auf westeuropäischen Werften von Grund auf renoviert und damit dem gehobenen westlichen Standard angepaßt wurden.

Royal Viking Line, San Francisco

Die Royal Viking Line (RVL) hat im Herbst 1984 für Schlagzeilen gesorgt, als sie an den norwegischen Reeder Knut Utstein Kloster mit seinen Norwegian Caribbean Lines (NCL) verkauft wurde und ihn damit in der westlichen Welt zum Größten in der Kreuzfahrt machte. Die RVL wurde 1970 ähnlich wie die RCCL von drei traditionsreichen norwegischen Schiffahrtgesellschaften gegründet. Die drei zur internationalen Spitzenklasse zählenden Schiffe sind die ROYAL VIKING STAR, RV SKY und RV SEA.

Holland-America Line, Seattle

Die Holland Amerika Line mit Sitz in Seattle geht auf eine der einst bedeutendsten Reedereien in der nordatlantischen Linienfahrt zurück. Die Nederlandsch-Amerikaansche Stoomvaart Maatschappij wurde im Februar 1871 gegründet und nahm im Oktober 1872 den Dienst zwischen Rotterdam und New York auf. Heute bietet die Reederei die luxuriösen Kreuzfahrtenschiffe „SS Rotterdam", „MS Nieuw Amsterdam" und „MS Noordam" in der Karibik, Mexico und Fernost an.

Compania Trasmediterranea S.A., Madrid

TRASMEDITERRANEA, die spanischen Fährdienste, verbinden das spanische Festland mit den Balearen, Kanaren und mit Afrika.
Seit drei Jahren existiert auch eine Verbindung von Sete (Süd-Frankreich) nach Palma und Ibiza, was die Anreise für die europäischen Besucher verkürzt, und die Balearen wesentlich näher bringt.
Alle Schiffe sind modern eingerichtet, mit komfortablen Kabinen, Bars, Restaurants, Diskotheken und weiteren Annehmlichkeiten. Die 8 000- bis 10 000-Bruttoregistertonnen-Schiffe sind mit Stabilisatoren ausgerüstet, was eine ruhige und angenehme Schiffsreise garantiert.

Miura Line, Genua

Diese Reederei verfügt über das Motorschiff MF DROTTEN, welches unter schwedischer Flagge fährt und 1972 in den Dienst gestellt wurde. Die Fähre ist mit allem Komfort versehen und verfügt über hervorragende Stabilisatoren. Sie verkehrt zwischen Genua und Barcelona. An Bord befinden sich Restaurant, Selfservice, Barsäle, Spielräume, Diskothek, Kino, Duty-free-Shop usw. Alle Kabinen sind mit Du/WC und vollklimatisiert. MF DROTTEN: 6 665 BRT.

Strintzis Lines

Die Strintzis Lines blicken auf eine fast hundertjährige Tradition zurück (Gründung 2. Januar 1897). 1960 begann eine neue Ära mit dem Kauf von zwei Fährschiffen, die in den innergriechischen Dienst gestellt wurden. 1976 wurde mit IONIAN STAR der Dienst auf der Stecke Ancona/Igoumenitsa/Patras aufgenommen und später durch IONIAN GLORY von Brindisi über Corfu/Igoumenitsa/Kephalonia nach Patras erweitert. 1984 kam noch die IONIAN VICTORY dazu, die ebenfalls die Stecke Ancona/Igoumenitsa/Patras befährt. Alle drei Schiffe sind nach den modernsten Erkenntnissen der Technik erbaut und können mehr als 900 Passagiere und 200 Fahrzeuge befördern.

Libra Maritime Co. Ltd., Piräus

Mit ihren vier modernen Autofährschiffen verbindet die Reederei Libra Maritime Italien und Griechenland auf der Route zwischen Brindisi und Patras. Tägliche Verbindungen während des ganzen Jahres sowie die Auswahl zwischen einfacher Überfahrt und einem Kabinenplatz lassen für den Griechenland-Reisenden kaum einen Wunsch offen.
Wer weiter in die Türkei fahren möchte, kann dieses dreimal wöchentlich ab Piräus tun. Der Zielhafen in der Türkei ist Izmir.

Hellenic Mediterranean Lines, Piräus

Die Reederei wurde 1939 gegründet und baute 1960 als erste Reederei ein spezielles Autofährschiff, die MS EGNATIA, die Italien mit Griechenland verbindet. Zur Zeit verkehren auf der Strecke Brindisi/Korfu/Igoumenitsa/Patras die Schiffe MS EGNATIA, MS CASTALIA im Pool mit der ADRIATICA und den dazugehörigen Schiffen MS APPIA und MS ESPRESSO GRECIA, welche alle über Restaurant, Selfservice, Bar, Swimmingpool, Sonnendeck, Klimaanlage usw. verfügen.

Société Nationale Maritime Corse Mediterranée (SNCM), Marseille

Die SNCM, eine der größten Fährreedereien im westlichen Mittelmeer, fährt regelmäßig von Marseille, Nizza und Toulon nach Korsika sowie ab Marseille nach Tunis und Algier. Die SNCM verfügt über die wohl modernste Schiffsflotte, die derzeit im Mittelmeer verkehrt. Die sechs Großraumfähren bieten ihren Benutzern vom Sitzplatz bis zur Luxuskabine alle Möglichkeiten, die Überfahrten nach ihren Wünschen zu gestalten. Eine ausgezeichnete Küche an Bord, aber auch die vielfältigen Unterhaltungsmöglichkeiten sorgen für eine angenehme und kurzweilige Überfahrt.

Larvik Line, Oslo

Am 22.10.1936 wurde das Aktiengesellschaft A/S Larvik – Frederikshavnferjen gegründet, mit der Absicht eine Autofährverbindung zwischen Larvik (Südnorwegen) und Fredrikshavn (Nord-Jütland) zu etablieren. Am 4.7.1937 wurde die Route Larvik-Frederikshavn eröffnet. Im ersten Jahr wurden 14 861 Passagiere und 1655 Pkw befördert. Zum Vergleich wurden im Sommer 1984 im Monat Juli 97 854 Passagiere und 24 347 Pkw und Caravans sowie 420 Busse und 1 676 Lkw befördert.

Tirrenia di Navigazione, Neapel

Die Tirrenia verbindet Sardinien, Sizilien, Tunesien und Malta mit dem italienischen Festland. Moderne Hochseefährschiffe machen es dem Gast leicht, touristisch interessante Ziele, vor allen Dingen auf Sardinien und Sizilien zu erreichen, da wichtige Verbindungen teilweise mehrmals täglich angefahren werden. Über 30 Fährschiffe, einige davon mit Swimmingpool, bieten ihren Gästen von der einfachsten Überfahrtmöglichkeit bis zur komfortablen Kabine eine dem jeweiligen Geldbeutel angepaßte angenehme Überfahrt zu den schönsten Zielgebieten des Mittelmeeres.

SOL Maritime Services Ltd., Limassol

Die Reederei wurde 1977 gegründet um einen regelmäßigen Dienst (ganzjährig) zwischen Zypern und Griechenland zu gewähren. Der Sitz der Reederei ist in Limassol, es befinden sich in allen Großstädten Griechenlands Filialen, außerdem wird sie durch Generalagenten in aller Welt vertreten. Die Reederei besitzt folgende Schiffe, die unter zypriotischer Flagge fahren: SOL PHRYNE (6 150 BRT), SOL GEORGIOS, SOL EXPRESS, SOL OLYMPIA (5 149 BRT). Mit der SOL OLYMPIA, die 1982 in den Dienst gestellt wurde, fährt die Reederei von April bis November die Strecke Venedig/Piräus/Limassol/Haifa und zurück.

Nordisk Faergefart A/S- Faaborg Gelting Linien, Faaborg

Die Nordisk Faergefart A/S ist Eigentümer der Route zwischen Faaborg und Gelting. Diese Route wird von der MD GELTING SYD befahren. GELTING SYD ist eine moderne Autofähre mit einer Kapazität von 900 Passagieren und 150 Pkw. An Bord befinden sich abgabenfreie Kioske mit einem reichhaltigen Angebot an Parfüm, Tabak, Alkohol, Wein, Süßigkeiten, Souvenirs und sonstigem für die Reise zu sehr günstigen Preisen. Außerdem befinden sich an Bord zwei Restaurants mit einem hohen gastronomischen Standard sowie Cafeteria.
Jährlich nehmen mehr als 600 000 Passagiere diese vorteilhafte Route zwischen Dänemark und Deutschland in Anspruch.

Intercruise Ltd., Piräus

Die Reederei wurde 1976 von Georg Louris und Kapitän Nikolaos Peridis gegründet mit dem Wunsch, Kreuzfahrten in die Sonne anzubieten, die viel bieten und für jedermann erschwinglich sind. Die Idee konnte mit MV „La Palma" verwirklicht werden, die sich seitdem ständiger Beliebtheit erfreut. Die bewährte Route ab Venedig mit Zubringerbusdiensten aus Deutschland zu den klassischen Stätten – Athen, Rhodos, Kreta, Korfu, Dubrovnik – brachte der Reederei Tausende von Gästen, worunter sich viele Wiederholer befinden. Dazu mit beigetragen haben die Möglichkeit der Unterbrechung für einen Badeaufenthalt, der gute Service, die freundliche Atmosphäre an Bord.

K-Lines

Die bekannte Gesellschaft existiert seit vielen Jahren und ist seit 1912 auf dem Schiffssektor tätig. 1912 gründete Philip Kavounides die Reederei Philip Kavounides Co. und stellte das erste Dampfschiff in Dienst. Nach dem Zweiten Weltkrieg wurde die Reederei in Kavounides Shipping Co. umbenannt und 1956 wurden mit dem Schiff „Delphini" die ersten Kreuzfahrten ab Griechenland zu den griechischen Inseln, in die Türkei und den Nahen Osten durchgeführt. 1985 stehen drei elegante Schiffe der „weißen Flotte", MTS „Constellation", „Orion" und „Galaxy" zur Verfügung.